# 借题发挥

刘志伟 / 著

社会科学文献出版社
SOCIAL SCIENCES ACADEMIC PRESS(CHINA)

# 目　录

古典何以述今事　/ 001
倾听文字之外的声音　/ 007
在历史中寻找中国　/ 013
区域史研究的人文主义取向　/ 019
在圣贤文化之外解放出民众文化　/ 028
疍　歌　/ 040
移情与史学研究之境界　/ 049

天地所以隔外内　/ 060
民间会社与齐民社会的转型　/ 087
从族谱叙事中发现历史　/ 095
"遗产"的现代性　/ 107
讲述乡村故事　/ 118
族群的迷思　/ 126
盐卤泡出的历史　/ 129

揭示传统中国政治斗争的经济和文化内涵 / 135

明清土地契约文书研究的新方向 / 142

家族研究的新范式 / 150

经济史研究的科学化追求与人文关怀 / 156

开放的历史及其现代启示 / 164

继承梁方仲的学术遗产 / 177


寻找乡土的精神家园 / 185

梦里依稀满地青翠 / 195

收拾地方历史记忆 / 200

经营文化与文化经营 / 203

读书不肯为人忙 / 207

守护大学精神 / 211

区域史研究的旨趣与路径 / 219


题外话 / 270

## 古典何以述今事[*]

东江又要把一扎读史札记结集出版了。大约三四年前,他赐读《历史如此年轻》,展卷之间,如酌甘醴,浑身畅恰,不免击掌称妙。不意后来竟以作序为命,吾醉其文之醇郁,不自量力,慨然应允。未几读到他的书稿,心中暗暗称苦,自悔轻诺。缘东江览书之博,读史之通,阅世之敏,非吾能望其项背;其文练达平实,婉约藏锋,更可赏不可及。是故久久踌躇宕延,不敢落笔。近日获悉即将付梓,只待拙文,惶愧之下,更生失信误友之惧,唯有再览书稿,写下一点心得,望东江不以识短言拙见责。

我们在大学教历史,每年都会迎来自愿或不自愿地进入历史系的学生,与新生见面,总要面对一个永恒的问题——读历史有什么用?最简便的回答常常是引用培

---

[*] 本文是为田东江《了无痕——报人读史札记五集》(广西师范大学出版社,2015)写的序。

根那句话:"读史使人明智。"这个说法,对学生来说,是否令他们信服,我从来也没有弄清楚,不过重复了千万次之后,对我们以史学为业的人来说,早成了一种信仰,很少认真去思考历史如何使人明智。

对于专业的史学研究者来说,这可能是一个不是问题的问题。人类的智慧,是由人们对世界的感知形成的。治史之人的使命,是把以不同的形式通过不同的媒介记录下来的历史记忆挖掘出来,加以整理和记录,构建一套关于过去的系统化事实,并在这个过程中,形成解释和理解这些经验事实的思考,由此养成知人论世的能力,大概就达到明智的目的了。在这个意义上,历史学与提升人类对自身社会的认识能力之间的关系,是不言而喻的,无须深论。

但是,对于大多数非以治史为专业的人来说,读史,常常不是要去构建历史及其解释体系,而只是去阅读过去发生的旧事,很多时候只是从片段的,甚至是碎屑的历史阅读中寻找智慧。在这个意义上,读史如何使人明智,也许就可作一点辩说了。

在我个人的阅读史中,最早读到这一类征引史事评说时事的文字,是作为"文化大革命"导火索被批判的《三家村札记》和《燕山夜话》,虽然里面的杂文同东江的"读史札记"不同,但其中很多篇也是从史事引出话题，申衍见解的。借助古人处事与言说发挥意见，显然有助于增加文章论说的智慧和魅力，不过，初尝读书之味的我，在当时那位理论权威引导下，深信这是一种"最刻毒的借古讽今"，不免弃而鄙之。但不久，日诵"老三篇"，愚公移山"以古喻今"之训，却令我初识历史亦可是智慧之源。"借古讽今"谓之"刻毒"，"以古喻今"谓之"明智"，除了有政治立场之大是非之异外，是否还有学术伦理和道理之别呢？我一直困惑着！入了史学之门，吃了历史这碗饭之后，少年时的困惑，开始曾令我小心翼翼地回避这个读书治学之别径，结果却在教学和研究时有意无意地走到了相反的路径——"以今喻古"。于是时而萌出一点思考，究竟这个"喻"字，隐含着一种什么样的关系把古与今连接起来呢？

治史之人，用不同的历史资料互证，揭出或重建史实时，总是讲求史料本身必须有内在联系，或者时间相接，或者空间相连，或者因果相关，或者人缘相交。若将时空分隔，互不相干的史料拼砌起来，往往构成的是一幅虚妄的历史图像。然而，我们在识古知今，辩证思绎时，又总是要借助本来并无直接关联的故事，相互发凡，搜讨意义，阐发邃理。因此，古今相喻，虽然不是研究中考证史实的本体，却可以是研究中阐释文本的方法，是获得对史事的理解和诠释能力不可缺少的途径。

陈寅恪先生以考古典今典笺释诗词证史的方法，之所以为学界所推崇，其理亦同。寅恪先生对此有极精辟之论，他在《读〈哀江南赋〉》一文中曰："兰成作赋，用古典以述今事。古事今情，虽不同物，若于异中求同，同中见异，融会异同，混合古今，别造一同异俱冥，今古合流之幻觉，斯实文章之绝诣，而作者之能事也。"① 陈先生此论，道出了"喻"之真谛，至于古今情事何以合流，同异万物何以俱冥，此中之理，自可交给哲学家去回答。有一句源出《圣经》的西方谚语说"太阳底下无新事"，种种看起来新鲜的事情，其实过去都曾经以不同形式重复发生过。因此，面对缤纷世事，读史之人总可以处变不惊，见怪不怪，弃皮毛而入经络，去浅薄而转深邃。人们可以由捡拾旧事引出新见识，借评说历史明喻今世事，其间存在一种超越时空之理，此理所依，恐怕主要在人性天理之永恒。东江学人类学出身，又沉迷读史，对人性自然有深刻的了解，打通古今的本事也自然高人一筹了。

说到由人性相同而打通古今，本集中《避寒》篇便是一例。文章由今日路旁冻毙避寒人之惨剧，联想到古代权贵避寒故事种种，最后讲述朱珪的故事，以其拒受

---

① 参见《金明馆丛稿初编》，三联书店，2001。

裘曰修赠貊裘时所说的"彼与某,皆人也"一语引出的议论收笔。朱珪是嘉庆皇帝曾赐挽诗表其"一世不贪钱"之人,在人间当属稀有物种。由此,我在这一句话读出的,不是"人生而自由平等"的原则,而是反照出权位在身之人利己害人之本性,人类历史上种种不平,岂是一句"社会不公"或"时代局限"所能掩饰。又《错认颜标》一篇,讲的是考试徇私故事,虽然考试徇私作弊,今日已是人神共愤,但古人徇私背后,却有不同心思。现今的作弊,这些心思恐怕已经不存,而科技手段,又绝了种种心思的路数,此中得失,恐非道德一尺可量。其实,东江这些札记,与其说是"以古喻今",不若说大多是"以古晓今"。他多从今事落笔,再翻出古人故事,娓娓道来,并非要证明今事古已有之,而是从旧事中悟出理解今事的道理。几年前坊间为"方言"优劣存废众说纷纭,东江撰《土话》一篇,检出若干史实,即阐明了方言土话之地位与命运,胜过许多辩说。

我的一个同事,大学时读新闻传播学,也曾作过报人,后入史学之门。常听她说,新闻和历史是相通的,今日之历史,即旧日之新闻,而新闻一旦为人所闻,即已成为历史。虽然如此,现实生活中,报纸毕竟是"newspaper",历史毕竟是"故纸",不免常有井水河水之叹。不过,我的这位同事由学新闻而转入史门,多一点"入乎其内"之本事，故笔下说史总有生气；东江由读史籍而作报人，则多一点"出乎其外"的眼界，故纸上论世总有高致。东江的岗位角色，是"释今"，但他读书所好，是"考古"，由今事溯古典，用古典解今事，写了这么多读史札记，翻出旧事如许，引出话题无数。这一集用《了无痕》为题，盖仿释氏演空妙之微言，阐慈悲之奥义，读着他一篇一篇札记，我们又怎会真的相信"事如春梦了无痕"呢！东江毕竟是个报人，只要报人一直在言说，终归是"人似秋鸿来有信"的。

2015年4月5日凌晨草于康乐园

# 倾听文字之外的声音*

历史,是过去的真实,这是讲述者的信念;历史,是现在与过去的对话,这是倾听者的心思。这两种立场,看似矛盾,实为一体,构成了历史的双重性格,由此引出的分歧、困惑与思考,令历史散漫出诱人的气息。人们虽以历史为"无用"之物,又总不忍离弃,甚至舍身投怀,执着坚守。在对历史真实永无止境的追寻及现实与过去之间无穷无尽的对话过程中,口述的历史总是比文字书写的历史更富有活力与魅力,因为历史一旦用文字记录下来,"真实"就凝固了,"对话"的空间也被限定了;而口述的历史,则为"真实"与"对话"打开了一个可以无限扩展的、变幻流动的空间。历史学者对口述历史的眷顾和迷恋,也许就是为这种魅力所吸引。

---

\* 本文是为《关于近代珠海历史文化名人的乡土口述史料》(珠海出版社,2010)写的序。

珠海的历史文化名人，许多都是在近代中国历史上叱咤风云的人物，学界对这些名人的研究，几乎可以说已经到了纤悉无遗的程度，坊间流行的著述也可谓汗牛充栋，而我们还要以这些人物为题材，花气力作一番"口述历史"，首先当然是为历史学者不断寻找过去发生的事实真相的使命所驱动。这里所说的寻找真相的追求，与是否要质疑既有的历史叙述的真伪无关，而是人们历史观念与历史关怀不断更新的需求。我们相信，所有的历史记忆，总是从记忆者的关怀出发，在记忆者视野范围内，经过有意识或无意识的挑选形成的。用文字记录的历史，是这些文字的书写者的历史记忆，不但受他们个人的知识、利益、价值、偏好和观念心态等因素所左右，也是书写记录时的特定情景与时代的选择。在非文字书写传播的途径下，由并不借助文字记录历史的人群传承的记忆，不言而喻地可能保存了不同的事实，寻找这些事实，以丰富人们对历史的认知和感悟，是口述历史最本分的目标。尤其是在当代历史学的关怀下，普通人的历史，他们的情感，他们的思维以及他们的日常生活越来越多进入历史研究者的视野，即使是名人的历史，人们越来越多关心的，也是他们作为普通人的日常生活，于是，口述历史自然成为一种寻找新历史事实的路径。

不过，口述历史最有魅力之处，还不只是从口述传统的历史记忆中获知新的历史事实,而是我们可以从这种历史记忆本身以及讲述者的叙述中倾听到的过去与现实之间的对话。人们对历史真实的追求,本质上都是现在与过去的对话。这种对话,既是人类的知识积累机制,也是文化认同的形成过程,由这种对话去寻找并理解过去发生的历史事实,不同时代的文化精神与社会性格,是当代历史学的旨趣所在。在19世纪后期到20世纪中期,珠海这片土地曾经孕育了一大批杰出人士,他们在引领和推动近代中国的创造过程中发挥了巨大的作用。今人虽然可以引以为傲,并以此激励后人,但这些荣耀毕竟已经成为过去。对于今日的珠海,这段曾经的辉煌究竟有什么意义;只是一种炫耀的谈资,还是一直深层次地影响着珠海人的生活及其文化内涵的资源?当地人的历史记忆,无疑是一种可以帮助我们寻找答案的最重要的信息。我们从本地人的记忆可以了解到这些历史名人在本地的存在状态;从本地社会的脉络中把握他们的形象,倾听他们的声音。从这种存在于现世的形象,经今人发挥的声音,由今人对过去的想象,我们触摸到的既是过去,更是现在。口述历史展现的,不只是一种历史的记忆,更是传承这些历史记忆的人和社会。

所谓过去与现在的对话,不是在单一的"过去"和单一的"现在"之间展开的。所谓"过去",是交织着种种矛盾与冲突、调和与平衡，并由不同历史时间的"现在"叠合构成的过去；所谓"现在"，亦是由形形色色的个人与群体的活动营造的现在。这些人群有不同的经历，不同的知识背景，不同的喜好与情趣，不同的思维习惯，不同的价值观念，不同的处境和不同的动机，种种的差异，不但影响着他们对过去的记忆，亦规限着他们的表达。每个个体的记忆，都经历了不同的传承过程，由不同历史情景与认知主体的选择加以过滤并重塑。由此形成的口述历史，免不了变幻莫测，扑朔迷离。这对于治史之人来说，也许是一种困境，但也可以是一个生机。治史者凭着自己的学养、见识与研究技巧，自可从扑朔迷离的事实中理出历史的线索，获得新的知识，如此一来，治史者也就加入这种对话之中了。

治史者的加入，结果一定是令到口述传统的历史向文字传统的历史靠拢，口述历史由此向文字书写历史转变。我们必须承认，治史者建立"口述历史"的努力，其实是把口述历史引离口述传统的一种强暴行为。在这个过程的每一个环节，都会成为以旁观者自居的学者加入到现在与过去对话的入口。口述历史的收集者，无论多么小心翼翼自觉努力避免引导讲述者，都不可能真的是一个完全被动的倾听者。他们的兴趣、既有的历史认识和取舍，都可以通过他们提出的问题、提问的方式、现场的反应乃至不经意表露出来的态度,影响讲述者对记忆的搜索和表达的选择。接下来,由访谈时的口头表达到访谈者笔下的文字记录,也免不了经历一次直接的过滤,即使用录音设备把谈话完整无遗地录下,整理过程也往往免不了滤去不少信息,何况讲述过程的信息表达,并不只是由言语来传递。操控文字的人加入到现实与过去对话中最关键的一着,也许是把口述历史的记录经过编辑付诸出版的过程。在这个时候,不仅整理者、编辑者和出版者都会以直接或间接的方式加入自己的声音,文字书写的规范,行文的逻辑,出版的标准,都一起涌上来,口述历史最终逃脱不了屈从文字表达规则的宿命。

所以,当我们把收集到的口述资料整理成文字,编辑成帙之后,所谓口述史实质上就变身成为文字记录的历史了。但是,钟情于口述史的学者也不需要为此感到沮丧。我们应该明白,历史这个范畴的本来意义,就是用文字记录下来的过去,而文字书写的历史,追根究底,也从来都出自口述记忆。所谓口述史既然是文字记录历史的一个源泉,也就因此可以给予文字历史无尽的活力。只要口头的表达不可能取代文字的表达,我们就不应该以为或期待口述史真的会取代文字书写的历史。研究者不断地从口述史中寻找历史的源泉的时候,更多收获到的,其实是在这个过程中训练自己对文字记录的敏感和理解能力，培养一种更能够亲近历史的历史观。因此，尽管口述史一旦用文字记录下来，成为书写的历史，其魅力便渐见消退，但史家对口述史的热情，是不应该也不会消退的。既然人们的思想、感情和记忆总是在流动中，每日常新，口述历史的工作，就应该反复持续地进行下去，成为历史认知与历史智慧的永不枯竭的源泉。

基于这样的认识，我相信我们这些在大学从事历史教育的人是幸运的，我们有机会年复一年地同学生一起去做口述史调查，一起去倾听书本之外的声音，寻找文字之外的记忆。通过一代一代学生的口述史训练，我们得以一直追踪着口述传统的脉络，延伸着口述历史的魅力。虽然我们总是希望能够把每次口述历史调查收集的资料连同我们的心得用文字记录下来，履行历史学者用文字记录历史的职责，但我们不会放弃对口述历史的执着，因为口述历史不仅令到我们所认识的过去更为生动和丰富，更可以培养我们阅读和理解文字书写历史的智慧。

在这本口述历史的文字记录付梓之际，写下这点感想，既是凭吊那些被文字扼杀的声音，更期望唤出匿藏于文字中的灵魂，让历史引领我们前行！

2010 年 9 月 20 日草于沙田城门河畔

# 在历史中寻找中国[*]

孙歌写了一段"对谈小引",把要说的话都说了,说得很好,我看了有点感动,更多共鸣。不过,照田还要我也写几句话,自然只能以狗尾续之了。

我是做社会经济史研究的,谈认识论,绝非我之所能。孙歌拉我对谈,说是要谈我们的研究,我的研究与她的领域不同,井水犯不到河水,怎么谈呢?我想,要谈,总得谈出些对方也有点兴趣的东西,才可能谈下去,甚至顶顶牛。在台湾和孙歌约好时间之后的那些天,我一直都在努力构思,但越胡思就越是乱想,找不到头绪。直到那个台风来临前夕的早上,走进台大修齐会馆那一刻,我还没有想清楚应该谈什么,怎么谈。没想到,谈话开始,孙歌的一段话,一下子就触到了我那根正在兴奋中的神经。我那个学期在台湾,江湖上跑场叫卖的一

---

[*] 本文是刘志伟、孙歌《在历史中寻找中国:关于区域史研究认识论的对话》(东方出版中心,2016)一书的跋。

个题目，叫作"走向田野的历史学"。场子摆开，我开头吆喝一番的话，都是"从国家的历史到人的历史"。近些年来，我越来越感到，我们所做的研究，要让人看出点门道，还是要先把这个底牌亮出来。于是，我当时接下孙歌的话茬，就扔出了一堆表白自己历史观的话。也许就是这样，后面的谈话，很自然地总转不出认识论的话题。

这样的议题，如果要我写文章，大概永远写不出来的，但以对谈的方式，把自己多年研究时的困惑、思考和反省交代出来，面对着孙歌这样高明和默契的谈话对手，竟然就谈了大半天，有了这篇几万字的稿子。对我来说，这个结果实在是一种意外，读着最后整理出来的这篇文字，我甚至有点释然。最近一些年，我们过去30多年的研究似乎开始引起学界一点兴趣，不时有机会报告一下我们的研究心得；在大学里教书，自己的学生也总是努力地去阅读一点我们写过的东西。不过，在大多数场合，无论是写文章，做讲座，还是指导学生，或者师友间交流，我常常都感觉到似乎存在某种沟通上的隙罅。在很多具体问题的讨论中，无论是赞成、附和甚至仿效，还是商榷，批评甚至诘难，都似乎难免要面对很多误读和误解。究其然，无疑主要是因为自己脑钝笔拙口笨，但在一些历史观、认识论或方法论的前提下存在分歧,也许是更深层的原因。我越来越觉得,很多具体的研究,在讨论时都需要先交代清楚这些认识论的前提。但实际上,很少有合适的场合可以让我作这种交代。现在有了这个机会,在孙歌的引导下谈了这些想法,虽然有些随意,有些粗糙,有些欠严谨,有些意犹未尽,但总算有了一个表白,至少对要阅读我的研究的学生来说,也算是一种交代。

我对孙歌的"认识",是从她90年代在《读书》杂志一连发表的三篇关于《在亚洲思考》的文章开始的。这套由沟口雄三主编的丛书中所收一百多篇论文讨论的问题,和我的研究领域较接近。尤其是前面三卷的责编滨下武志,是我最尊敬也很熟悉的师长,他现在还是我的院长,从那时起,他一直和我们在华南乡村一起行走,一起研讨。当我看到竟然有一个做文学研究的人,在《读书》上议论我以为只有我们才熟悉的话题,理解是这么贴近,表述是这样精到,自然眼睛一亮。我很惊讶,也很兴奋,竟然能够从一位做文学和思想史的同辈学者中找到知音,以至于后来在我们其实次数不是太多的交往中,总像老朋友一样,聊起很多话题都欲罢难休。现在回想起来,其实我们每次的谈话,我都是不得要领的。她谈的东西,我都是不懂装懂夸夸其谈地回应;我谈的话题,她却总是努力放进她的思想框架中。

不过，在谈话中那种思维的契合和思想的共鸣，却是印象深刻，享受无穷。在我答应做这次对谈的时候，既心怀期待，又内心虚张，就是为以往这些感受所驱使；我之所以在走入台大修齐会馆时还不知谈什么，但当孙歌开头说了一番话我就迫不及待要把话接过去，相信是以往这些经历的延伸。这种经验让我相信，研究课题、研究领域和具体见解的差异，并不构成学术的畛域。学术的奏鸣曲只有由不同的乐器分别奏出不同的音符才能合成，当然，节奏的呼应与旋律的共鸣可能更是关键。

这次对谈是为在《人间思想》上刊出而做的。把交谈的声音转换成文字记录其实是一件痛苦的事，首先要感谢在原始录音稿基础上进行文字加工的《人间思想》编辑张静女士，我的语言表达特别笨，话说得语无伦次，一定令她痛苦不堪。我看到记录稿的时候，也有点不能相信，如此混乱的语句和词不达意的表达，在对谈的现场，孙歌怎么好像都能听明白呢？由此可见，在共享问题意识的前提下，讨论到了一定深度之后，词语就不是唯一传达意义的手段了，在这一意义上，文字书写其实是很难直接取代和再现对话现场的。但我们毕竟还是想以文字形式把我们的对话同大家分享，于是，用了一番功夫，把文字记录稿重新整理，删掉了很多重复和枝节的内容，把很多阅读不通的文句改到稍为通畅，在尽可能保存对话原意的前提下，也补充了一些令思路连贯起来的内容。承蒙照田兄、士明兄不弃，决定把文稿分两期刊出，同时再以单本印行，并允把前几年两位年轻学者同我作的访谈附上。单行本需有一个书名，经我提议再由孙歌改定为《在历史中寻找中国：关于区域史研究认识论的对话》。这个题目看起来有"作大"之嫌。为什么用这样一个题目？我在提出建议的当时，发了一个邮件给孙歌、照田和士明，解释我当时的想法，我在邮件中写道：

> 第一，"寻找中国"，意味着我的研究不以"中国"为一个不言而喻的历史主体，这是对谈前我要表达的立场；
>
> 第二，既然中国不是一个不言而喻的历史主体，那么，我们深入其中去寻找"中国"的那个"历史"，逻辑上就不是"中国"的历史，而是由人的行为建构的历史，中国必须在这个历史中才能够被认识；
>
> 第三，既然"中国"是通过历史来认识的，那么，不管这个历史是国家的历史还是地方或区域的历史，都是一样重要的，整体还是局部也都有着同样的意义，不会因为把中国当作整体，就要把区域

看作局部，在这样的角度，普遍性问题和整体性问题都可以带出来了。

以上是将邮件原文只字未增地粘贴上来的。现在看来，这些想法还可以作更多的发挥和补充，文字也需要再修饰，但我在这里只以原文照录，是想忠实地保存我想到用这样一个标题时的即时想法，这种即时的思想，也许相对来说比较接近"人间"吧！

甲午孟春于广州

## 区域史研究的人文主义取向[*]

　　大约半年多以前，姜伯勤老师告诉我，他正在把近年来对石濂大汕与清初岭南禅史的研究写成一部专著，将由学林出版社收入"地域文化研究丛书"出版，嘱我写一短文，谈谈对区域史研究的一些意见。我顿时惶惧起来。这些年来，虽然自己的研究兴趣，也可以算是一种区域研究，但毕竟是在学步而已，战战兢兢地向前迈出每一步时，专注的只是尽量少摔些跤，还谈不上有什么心得。转眼间，老师数十万字书稿已杀青在即，我再不交卷，实在无颜以对，唯有写下一点感想，作为交给老师的一份功课。

　　最近一些年来，我幸运地经常有机会聆听姜伯勤老师谈论他对石濂大汕和岭南禅史研究的进展，分享他的研究心得，老师近年来在这一课题上发表的相关论文，

---

[*] 本文原刊姜伯勤《石濂大汕与澳门禅史——清初岭南禅学史研究初编》（学林出版社，1999）。

我也拜读过多篇，从中获得不少教益。因此，当我知道老师正在把多年的研究心得写成一部书稿的时候，总有一种兴奋。我第一次读到老师在这个课题上的作品，是1993年初写成的《明清之际岭南禅学与南方文化——岭南禅学史之一考察》一文，记得当时读着这篇文章，莫名地有一种激动不已的感觉。初时我不甚明白那样一种激动由何而生，后来在香港中文大学召开的"文化中国展望：理念与实际"学术研讨会上，听着姜老师报告这个题目的时候，这种感觉更强烈地在心中翻腾，终于明白了一点我会激动的原因。当时，我有一种直觉，似乎看到一幅激动人心的历史画卷，将会在自己面前展开。果然，随后的几年间，姜伯勤老师陆续写出了多篇论文，这幅画卷的更多细节在我们面前渐次展现。现在的这部书稿，终于令我们看到了这一幅画卷的完整轮廓。画面上的场景是明清之际的岭南，主角是活跃在岭南的禅僧，展现出来的，则是一个绚丽多姿的历史时代和惊心动魄的文化气象。姜老师通过精细的研究而描绘出来的这幅画卷的轮廓，虽以一时一地乃至一人为主题，表达的却是一种超出时间地域之关怀。读者从中所识所感所悟，亦必能超越时间和地域之限制，从理性的事实中，找到历史认识的智慧，满足对自身文化的"好奇心"，并在审美的层面上获得心灵的愉悦和共鸣。从姜老师的岭南禅史研究中，我们感受到一种超越一般意义上的地域史研究的魅力，而这种魅力，乃出自一种人文主义精神的追求，由此启发我们对所谓地域史研究的学术取向作一些新的审视。

近年来，区域研究的兴起被视为中国当代历史学研究的一种新趋势，一般认为这是在法国年鉴学派影响下，战后历史学目光更多地转向关注下层社会历史的学术潮流的一种表现。在这种学术兴趣下，国家或王朝的历史不再被视为历史学研究唯一的主题，史家更多地关心普通人的历史，而以一个较小的地区历史过程为研究对象，显然能够更细致和多方面、多层次地展示普通人的活动及其社会表现，因而更容易体现史家对所谓"总体历史"的追求。历史过程的单位从"国家""民族"转换为某个地区，体现了史家对"历史"的理解发生了某种根本性的改变。而且，地域史的研究取向不仅要发现地方历史中不同于"国家"或"民族"历史的某种独特性，更期望能从地方研究中发展起一套新的历史研究的话语，取代基于"国家"文化霸权的话语系统，建立新的历史研究范式和历史解释体系。

然而，中国历史学有自己深厚的学术传统，无论人们如何追求和宣称要"与国际接轨"，也不可能切断中国史学的现代发展与既有传统的联系。中国历史学中舆地方志学的传统，对现代中国地方史研究的取向不能不有深刻的影响。基于天下一统和文化一体的观念，中国传统史学体系中的地方历史的主题，总是被理解为国家或王朝历史在地方上的展开，是在天下一统的历史框架下的地方"向化"过程。基于这种历史观念，加上在近代科学方法关于"特殊－一般""局部－整体""个性－共性"的归纳式思维习惯支配下，人们一般相信，以地区为单位的历史研究的价值主要在于：中国疆域太大，只能先把每一个地区的历史研究清楚，才可能做全国的综合的研究。按照这种非常通行的想法，地方的历史，只是全国性的整体性的历史在地方上局部地更细致地展现的过程，而地方史研究，只是作为从特殊到一般的认识过程中的阶段性研究策略。虽然地方史研究也被期待着不仅可以揭示更多的"地方特色"，丰富人们对历史进程的地方性细节的了解，更可以补充甚至修正在所谓的"全国性"研究中所获得的历史知识，但在中国历史研究中，地方史研究的学术价值往往只被定位在提供特殊性认识的意义上，在大多数情况下被视为一种具有初级性和从属性的研究层次。

由于地方历史是放在国家历史的话语系统中去理解，被视为是相对于"整体"而言的"局部"的过程，这一过程又被界定在特定的地域空间之中展开；"区域"

的界线划分和认定，也就总是基于某种地域性的认同，并往往以国家行政体系下的政治边界为依据。当研究者刻意地使用"区域""地方""国家"这样的范畴作为历史过程的单位时，以一定的地理界域为对象的历史叙述，常常成为营造地方意识、建构地方认同的资源，表达着人们对"国家"与"地方"关系的一种体认。由地方历史表达出来的，可能是一种国家主义的观念，也可能是一种地方主义的观念，但无论如何，作为"地方－国家"认同的话语表达，地方历史叙述都会着重在以发现和抽象出所谓的地方特性为目的。于是，在历史研究中的地域和地方的疆界就总是倾向于明确化和凝固化。

地方史研究的这种倾向，亦为近代科学方法中的分类观念所支持。在大多数的研究中，"地方"和"区域"一类范畴常常被看成是一些固定的、僵化的、非历史的分类概念，所谓的"地方特性"被抽象成为一种超历史的事实，作为研究的出发点，支配着研究者的认知和叙事过程，从而使关于地方历史特性的表述成为一些非历史的概念。在一些有关区域研究方法论的文章中，经常被讨论到并且被认为是开展地方史研究前提的一个话题，是如何去划分区域，根据什么标准去划分区域。这个问题被提出来并被视为开展区域研究的前提，反映出研究者不言而喻地把区域理解为一种有固定界线的历史单位，至于其界线如何划定，则是根据研究者自己对"区域"的理解，而这种理解实际上仍然是出自国家话语霸权下的历史观念。但是，如果地方历史以及在地方历史中呈现出来的所谓"地方性"，仍然是用"国家"历史话语去表达和诠释，那么，地方历史与国家和王朝历史其实就没有根本的差别，地方历史的独特性究竟在多大程度上有助于改变对全国范围的所谓"共性"的了解亦令人怀疑。

如果说常见的地方史或区域史研究大多不是出于国家主义就是出于地方主义的关怀的话，姜伯勤老师以石濂大汕等一批清初禅僧的活动为中心的岭南禅史研究则表现出不同的旨趣，其最显著的特色，是超越了"国家－地方"二元对立的话语，本着强烈的人文主义关怀，追求一种对历史理性和人文精神的理解和体验。这种研究旨趣，与以王国维、陈寅恪、陈垣等史学大师为代表的现代中国史学传统有一脉相承的联系。这种史学传统对地方历史的研究取向，典型地体现在清末以来取得显著成就的西域南海史研究的实践中，无论是在史家所揭示的客观事实层面上，还是在史家的历史认识层次上，都打通了地方历史与国家历史的界限，表现出与过去的舆地方志学传统不同的旨趣。姜老师在这部著作中，通过石濂大汕等清初活跃在岭南地区的禅僧的活动，描绘出清初岭南的社会图景和文化气象。这种图景气象，固然呈现出当时岭南地域社会的文化面貌，但这里所呈现的社会面相和精神世界，是由一大批生活在特定历史环境下的人的历史活动创造出来的，他们的身份认同并不由他们的地域归属去界定，他们的活动空间和文化网络也没有地域界线的限制。这一幅历史图景的展示在认识上也就有着超越了地域性的价值，历史家透过这些历史事实建构起来的历史认识，就不只有地方性的意义，而更多地表达了史家对历史的理解和体验。这部著作所叙述的不独大汕一人，所审视的也不只清初一时，所探讨的更不限于岭南一地。我们要读懂这一段历史，要透过这段历史去理解当时的时代和精神，就需要跟随着大汕的足迹，优游涵泳于无疆无界之历史时空，打破和打通一切俗世的界限，透过他们所创造的历史探求他们的世界。在这里，历史的主体是人的活动以及他们的精神世界，而所谓的地方历史，只有通过作为历史主体的人的活动，才成为可以理解的事实。

特定的区域，与其被视为历史过程的单位，不如理解为人们历史活动的空间，这种历史空间为历史人物的活动提供了条件和限制，但同时也是人们自己的历史创造，是一种历史时间展开过程的表现。无论研究的主题是什么，历史的主体始终是人，而不是所谓的地域单位。在历史认识中的地域概念，不只是历史学家为研究的方便而划出来的范围，更是人们在自己的历史活动过程中划出来的历史的和流动的界线，历史学家的睿智是将这种流动性呈现出来。要做到这一点，就必须以研究人的活动、人的精神以及他们的生存环境的互动过程为中心，通过人的历史活动去把握历史时空的互动关系，而不是把历史时空固定化、概念化之后，再作为研究的出发点。

在这种人本主义取向的地方史研究中，不但区域的界线是流动的，国家和地方的区分亦只是作为一种分析性的概念，只有在帮助人们理解历史事实的时候才有意义，这些概念之间的所有对立以及僵化的理解，都可以通过人们生动的历史活动来打通。在传统中国，国家对地方社会有很强的渗透，地方社会与国家不但是彼此互动的范畴，也没有绝对的分界，国家的存在和国家行为本来就是地方社会及其历史过程的一个基本的要素，而地方历史也必然是国家建构过程的基本动力。因此，我们在这种地方历史研究中，能够读出的，不是国家与地方的对立，所期望去了解的，也不会满足在所谓的地方特性的层面，而是希望追寻在一个时代和一定的地域空间中呈现出来的社会面相和人文精神。在这个意义上，如果我们把姜伯勤老师对石濂大汕和岭南禅史的研究看成一种地方史研究的话，那么，这种地方史研究不仅在历史观和历史方法上表现出与一般地方史研究不同的取向，更把地方史或区域史研究带进一种新的意境。当我们进入这种意境的时候，一切时间和空间的疆界都在历史中流动起来，所谓的地方史研究与所谓的全国性研究之间的畛域随之消释。历史家的终极追求，难道不正是这种超越时间和空间的人文主义关怀吗！我们也许可以问，在史家的精神世界里，是否真的有"地方史研究"呢？

# 在圣贤文化之外解放出民众文化*

1928~1929年,中山大学民俗学会主办的《民俗》周刊出版了两期《神的专号》,每期的末篇,各收录了一份政府发布的咨令,一篇为《内政部的神祠存废标准令》,一篇为《内政部查禁蒋庙刍议等的咨文》。编者的用意,很显然是要表明编辑《神的专号》并非要提倡迷信。他们用了对付鬼神的办法,以两份政府的咨令作护身符,抵挡诘难者的攻击。中国民间崇拜形形色色的神明,对于秉承"敬鬼神而远之"的传统,到了近代又接受科学洗礼的文化精英来说,无疑属粗俗愚昧之流,而在大学殿堂里竟然有那么几个好事之人,要去观察一番并记录下来,免不了会被以为封建迷信张目斥之。因此,《民俗》周刊的编者在《神的专号》上贴上这样一道护身符,虽有点滑稽,但也算是一种心机。80多年

---

\* 本文是为广州市番禺区文化馆、番禺区非物质文化遗产保护中心编《番禺民间信仰与诞会文集》(世界图书出版公司,2005)写的序。

后,当我看到番禺朱光文君给我的这本《番禺民间信仰与诞会文集》书稿时,不禁想起这件往事。我不敢肯定今天一定不会有人以宣传迷信见责,但事实上朱君他们所编的这本文集再也没有必要贴上这样一道标榜"反迷信"的护身符了,虽然许多地方的神明崇拜与祭祀仪式仍然需要抹上非物质文化遗产保护的颜色,才获得登堂入室的资格,但毕竟让人看到时代正发生着一些我们期待看到的变化。

20世纪初以来,随着现代教育的推广,科学知识的普及,人们对待民间神明信仰的态度,用的是一套崇科学反迷信的语言,摆出一种非常强烈地要以文明战胜野蛮,以科学取代愚昧的姿态。但细审之下,这种态度似乎并非真的如此坚守科学的立场。自诩文明的社会精英们并不见得真的无法容忍所有超自然的力量,也不是真的要在现实生活中驱逐所有的偶像崇拜,更不会否认宗教存在的合理性。就以前面提到那份在《神的专号》中刊载的《内政部的神祠存废标准令》为例,发布者先是说了一通科学进化的道理:"查迷信为进化之障碍,神权乃愚民之政策","乃以教育未能普及之故,人民文野程度,相差悬殊。以致迷信之毒,深中人心,神权之初,因沿未改。无论山野乡曲之间,仍有牛鬼蛇神之俗,即城市都会所在,亦多淫邪不经之祀"。这些声色俱厉的话，令人以为发布者真的欲以彻底铲除神权为快，但再读下去，就知其实大为不然。这道法令的用意，并不是真的要打倒所有神权，而只是要划出神祠保存与废除的标准："凡有功民族国家社会发明学术利溥人群，及忠烈孝义足为人类矜式"的"先哲类"，以及"凡以神道设教，宗旨纯正，能受一般民众之信仰"的"宗教类"，均列为应行保存之神祠；而那些属于"淫邪不经之祀"的所谓"古神类"和"淫祀类"才是应废除甚至"从严取缔禁绝"的对象。很显然，存废之间的取舍，不在于人神之别，只在于雅俗之分，铲除神权不过是一个标榜革命的口号而已。

这种对待不同神明的价值选择，在20世纪中国的"进步人士"中，几乎是人人共同持守的，无论是政府官员还是知识分子，不管在关于国家建设和社会改造方面的政见有多大的分歧，在这一点上却有着难得的共识。大多数掌握了知识和行政权力的人们，不但在认识和观念上始终秉持这样一种立场，而且在处理各种与神明崇拜相关事务时，所采用的政策原则和具体做法，也由这种观念出发去制定。于是，林默娘和冼夫人可以成为国家崇拜的神明，而临水夫人和金花夫人的崇拜则属"迷信"。在相当长的一段时期，国家宗教管理部门把民间信仰排除在其管辖范围之外。近年来，在民俗学人类学者研究的推动下，民间信仰的价值越来越为学界所认识，民间的神明崇拜已经进入政府社会治理的视野，但政府开始要考虑如何把民间信仰纳入管理轨道时，仍然脱不开希望通过（或仿照）道教或佛教的系统来管理的思路。可见即使民间神明崇拜要被认可，也只有将其纳入（或改造成为）制度化宗教的范畴才能得到理解和接受。许多知识界的饱学之士，走进乡村庙宇，见到形形色色的神祇，常常会提的问题是，这是道教的还是佛教的？很多地方文史作品或旅游介绍资料，也经常把这些民间神庙归类为道教或佛教，好像只有"以神道设教"的神庙才是合理或可以理解的。近年来，越来越多的乡村庙宇被道士僧人接管，大概也同这样一种分类的观念有关。如此种种，都说明人们实际上并不接受在"宗教"范畴之外的神明崇拜在民间社会是更有存在价值并有着更为普遍性的影响的事实。

社会精英们贬伐民间的神明崇拜，虽然使用的是现代的科学与迷信分歧的语言，表现出反传统的姿态，但这种观念在本质上其实与传统中国长久以来正统意识形态是一脉相承的。《礼记·曲礼下第二》曰："凡祭，有其废之莫敢举也，有其举之莫敢废也。非其所祭而祭之，名曰淫祀。淫祀无福。"儒学经典中这种理念，长期以来都是中国文人对待民间神明崇拜与正统祭祀之间关系的一个原则。明清时期许多大大小小的官员，也如近代进步知识分子一样，热衷于以禁毁淫祠为己任，在他们的传记中，禁淫祀之举总是被作为善政大加褒扬。近代科学文明观念传入之后，知识分子和政治人物之所以能够很轻松就接受了反迷信的主张，一定程度上是因为中国的士大夫从来都以拜祭非正统的民间神明为异端，反对迷信只需要把这种本来属于正统意识形态的理论转换为科学文明进化的话语，把"淫祀"转换为"迷信"，就可以毫无顾忌地展开。这种看起来是开明进化的新潮，实际上不过是旧传统之延续与发挥，只不过用"宗教"与"迷信"的区分取代了"祀典"和"淫祀"的区分而已。

与这种在反迷信的旗号下继承禁淫祀传统的观念和做法形成对比的，是另一种在新文化运动中生长出来的追求，这种追求的学术主张和实践，典型地体现在顾颉刚先生编纂的《妙峰山》中。1925年，北京大学研究所国学门的顾颉刚、孙伏园、容庚、容肇祖等人，到北京郊外的妙峰山调查人们到碧霞元君庙朝山进香的风俗，随后在《京报》副刊刊出数期《妙峰山进香专号》。1928年，中山大学民俗学会再将这几期专号的文章编集成册，以《妙峰山》为题出版专书。顾颉刚先生在《妙峰山进香专号引言》中，掷地有声地宣布了他们

对待民间信仰和祭祀活动的立场和学术旨趣,他写道:

> 朝山进香,是他们的生活中的一个重要部分,绝不是可用迷信二字一笔抹杀的。我们在这上,可以看出他们意欲的要求,互助的同情,严密的组织,神奇的想象;可以知道这是他们实现理想生活的一条大路。他们平常日子只有为衣食而努力,用不到思想,惟有这个时候,却是很活泼的为实际生活以外的活动,给予我们以观察他们思想的一个好机会。另一个方面,这是他们尽力于社交活动的时候,又是给予我们以接近他们的一个好机会,所以我们觉得这是不能忽视的一件事,有志"到民间去"的人们尤不可不格外留意。

这种做法,无论是当时还是现在,都可能被很多人指责为提倡"迷信",但是,顾颉刚和孙伏园等人,都是新文化运动中成长起来的读书人,《京报》更是新文化运动的重要阵地,他们致力于通过学术研究和文化活动推动新文化运动的展开,其政治与文化取向人所共知,他们对待民间信仰的这种态度,毫无疑问绝非提倡迷信,守护愚昧。由他们的主张,我们可以看出,同样以科学与文明为价值追求,实际上可以有两种看起来截然相反的态度。前引广东省政府令和顾颉刚的《引言》

所表达出来的立场截然相反，代表了20世纪读书人中潜在的分歧。这种分歧的实质，并不在于提倡文明科学与野蛮迷信之争，而是圣贤的立场与民众的立场之别。

赵世瑜教授曾经指出，由于新文化运动与其说是"反传统"，不如说是"反正统"，新文化运动中产生出对民间文化这种在传统社会中的"异端"的注意和研究，绝不是偶然的。所以，重视通过"正统的"官方祭祀与宗教的立场不能接受的民间信仰去认识民众文化，可以成为新文化运动的真正追求。可是，在后来的历史进程中，看似更具革命性的反迷信立场，主导了社会精英和国家权力对待民间信仰的态度和政策，而从民间信仰去认识民众文化与社会的主张几乎完全失去声音，以"反迷信"之名维护传统和正统，在"反迷信"的口号下拒绝民间信仰的存在，摒弃从民间信仰去探求民众文化的价值与内容，竟成学术文化的主流，以至于顾颉刚曾经大声呼吁"在圣贤文化之外解放出民众文化"[①]的目标长久不能实现，这个结果，可以说是新文化运动未竟圆功之一大憾事。

不过，过去大约半个世纪，在中国大陆以外的地区，人类学与社会学学者对中国社会的民间信仰与仪式

---

① 顾颉刚1928年3月20日在岭南大学的演讲，题为《圣贤文化与民众文化》。

的研究却有令人瞩目的进展。这些研究很大程度改变了人们对中国社会的认识，也同时改变学者们研究和认识中国社会的路径。在这方面，堪称经典的研究，是杨庆堃先生的《中国社会中的宗教：宗教的现代社会功能与其历史因素之研究》一书。杨庆堃先生在这部具有奠基意义的著作中，明确舍弃把中国民间信仰排除在宗教范畴之外的成见，把超自然因素作为他的宗教定义中的一个重要组成部分，从而把过去视为非"宗教"的"迷信"和"巫术"等民间信仰与仪式作为整体性的中国宗教体系中的内容，纳入研究的视野。他指出：

> 低估中国社会中宗教的地位，是与事实相悖的。中国大地遍布着庙宇、神龛、祭坛和其他拜神的地方，满目星罗的庙宇神龛彰显着宗教作为社会现实的象征，在中国社会有着强大和广泛的影响力。[①]

杨先生在这里显然把遍布中国每个角落的形形色色神明信仰和仪式活动都纳入了他研究的宗教范畴。在这样的认识基础上，他把在这个定义下的宗教区分为制度性宗教（institutional religion）和弥散性宗教（diffused

---

[①] C. K. Yang, *Religion in Chinese Society*, London: University of California Press, 1961, p.6.

religion）两种结构，他认为，弥散性宗教的"义理、仪式和组织与世俗性制度的概念和结构以及社会秩序的其他方面密切结合，弥散性宗教的信仰与仪式发展出有组织体系，成为有机化社会模式的整合部分"。① 由此，研究者得以从弥散性宗教去研究中国社会的组织和秩序。虽然对他提出的弥散性宗教的概念，学者们存在一些分歧，但这个概念为把中国民间信仰纳入社会科学范式下的宗教研究领域提供了方法论的依据，并在此基础上打开了从民间信仰研究中国社会的视野和路径，对后来的中国研究产生了深远的影响。半个多世纪以来，许多研究中国社会文化的人类学家，如弗里德曼、武雅士、欧大年、华琛、田仲一成、王斯福等，在华人社会的民间信仰和仪式研究上展开了深入的考察，提出并建立了一系列富有解释力的理论范畴和解释框架。循着他们开拓的道路，几十年来，海外许多学者致力于在华人社会展开田野调查、收集整理文献，在理论建构和方法探索等方面也继续向前推进，取得了巨大的成绩。今天，学术界对于中国民间信仰的认识，在研究方法以及解释架构等方面都已经形成了颇具系统化的理论和研究范式，蔚成大观。在这个基础上发展出一整套关于中国社会的认

---

① C. K. Yang, *Religion in Chinese Society*, p. 6.

识,也大大改变了过去主要从国家行为、文人活动及儒学思想着眼所建立的知识系统。

这种主要在中国大陆学界以外,经过半个多世纪的发展形成的研究取向,与新文化运动萌动出来的早期中国民俗学运动的追求没有直接联系,甚至在相当长一段时间,中国大陆地区的学术研究也与新文化运动开创的学术文化传统在某种程度上发生了断裂,与境外学术发展更处于一种隔离的状态。但是五四与新文化的传统,仍然在很多中国学者身上留下学术文化的基因,因此,当中国学术于1980年代以后重新走进世界的时候,海外的研究被中国大陆地区的学者所了解,这些研究的价值很容易就在一些中国学者中引起共鸣,因为社会学人类学者对中国民间信仰研究的旨趣,与新文化运动以后中国学术的社会科学转向以及"走向民间"的追求其实存在内在的一致性。从这种研究中,我们看到当年《民俗》周刊发刊词中提出的"我们要探检各种民众的生活,民众的欲求,来认识整个的社会"的口号,已经在海外学者的学术实践中成为现实。近年来,民间信仰研究也逐渐在中国大陆学界中兴起,由于民间信仰及其仪式的研究更多需要在田野中展开,学者们走进乡村,走进民间的时候,很自然地也带动了地方学者和文化工作者的投入。久而久之,人们对民间信仰与仪式的看法也逐渐改变，加上近年来各地对非物质文化遗产保护的热情，促使民间信仰与仪式活动从长期被鄙弃和禁毁，转为得到前所未有的重视和保护。在这样一种情势下，番禺区非遗中心编辑的这本集子，可谓适逢其时，更可望产生倡导之效。读着这本文集，我的耳边回响着顾颉刚先生在1928年为中山大学语言历史学研究所印行《妙峰山》一书写《自序》时发出的号召：

> 同志们，你们肯各把自己看得见，听得到的，都写出来吗？这是民众艺术的表现；这是民众信仰力和组织力的表现。如果你们想把中华民族从根救起，对于这种事实无论是赞成还是反对，都必须先了解了才可以走第二步呵！

将近90年过去了，在中国的学界，长期以来响应这个召唤的读书人凤毛麟角，许许多多热切地引入现代的科学观念和社会理论去改造中国的学者和政治家，宁愿选择以鄙弃乃至摧毁民众信仰力与组织力的方式，走出了社会改造的"第二步"，而不是从民间信仰的研究中去认识民众的智慧和文化创造，去寻找中国社会的秩序，这种学术研究的错失造成的恶果在今天的社会现实中已显而易见。即使当下民间信仰的价值越来越为学界政界中人所认识，但大多数政府官员和文化人，对于民众文化和民间信仰，仍未真正摆脱顾颉刚先生所说那种"目笑存之"的态度。而朱光文君从十多年前走出大学校门开始，不畏艰辛，不惮孤独，一直在乡村中行走，去看、去听、去写，矢志坚持，不言放弃，我看着他一步步走来，心怀敬佩！今天，在其任职的番禺区非遗中心所编的这个集子编竣之际，我有缘应朱君之邀，借书一角，写下一点感想，发一点议论，也充作一个同道之人，幸哉！

    2015 年 7 月 12 日搁笔于 G66 列车上

# 疍　歌[*]

我对珠江三角洲水乡的印象,最早是从陈残云的小说《香飘四季》中获得的。这部 50 年前出版的小说,绘画了一幅大沙田区乡村的迷人图景,画中的景,画中的人,画中的情,画中的趣,一直铭刻在我心中,历经将近半个世纪,仍不能忘怀。近 30 年来,我多次到大沙田区做田野考察,目睹着沙田区乡村发生的巨变,今天的珠江三角洲水乡,已经新貌焕然,但以下这幅图画,始终在我眼前萦绕,撩动着我对这片水乡的情愫。

夜晚,乳白色的月光,透过了浓春的夜雾,照在蛇窝的开阔的田畴上。小河边,一间刚修整过的竹棚子,人们叫它"扎水寮"的,映出了半明半暗

---

[*] 本文是为广州市南沙区东涌镇人民政府、香港科技大学华南研究中心编著的《从沧海沙田到风情水乡:珠江三角洲东涌社会生态变迁研究》(中国戏剧出版社,2013)写的序。

的灯光,传出了二胡伴奏的柔软的粤曲声,听得出是许细娇唱的,是《鸳鸯被》中的一段。

一只小艇子在河面上摇过。有人用着似唱歌又似鹅叫的腔调,哼了几句很流行的歌子:"知你爱我心坚,我不怕言明一遍,有一个牧羊龙女,托我柳毅把书传。"哼完,乐得象发了狂一样,嘻哈地大笑。一听,就知道那傻子权在跟寮里的人作弄。①

由于小说不是用方言书写,加上当时不可免的时代烙印,文字表达自然未能原汁原味地呈现大沙田乡村的韵味,有点令人遗憾!但对于那个时代大多数难得深入大沙田区的人们来说,这部小说展示的沙田区乡村风情,仍然非常亲切,撩动人心,难以忘怀。相信许多与我年龄相仿的人,当年在阅读这部小说时,或多或少都萌生过对大沙田人情风貌的憧憬与情感。

《香飘四季》故事发生地的原型,据说是东莞的麻涌,作者在书中用的地名则叫"东涌"。很多很多年以前,我开始知道番禺东涌这个地方的时候,还曾一度误以为就是陈残云小说所描写的地方。后来知道了这只是一个巧合,不免为自己的误会而愧怍。不过,虽然知道

---

① 陈残云:《香飘四季》,作家出版社,1963,第129~130页。

只是一个巧合加误会，但我后来每次到番禺东涌，行走在乡村中的基围田畴与涌边寮屋间时，感觉上还是会把现实中的东涌与小说中的东涌叠合在一起，不觉得有多少时空上的距离感。这也许是由于珠江三角洲沙田区各地的乡村景观与人文风貌本来就没有太大差别，何况如大家所知，作家写小说的时候虽然可能会有某个"原型"，但小说中的人、地、事，往往是把不同的"现实"糅合起来，再重新塑造的。作为一个文学作品，写的就是珠江三角洲大沙田乡村中的情与景，至于具体的地点，是麻涌还是东涌其实无关紧要。我多年在珠江三角洲沙田区的乡村游走，无论是东莞，还是番禺、中山、新会，处处所见，都能够激发我涌出年少时读小说那种感受，撩起我对"东涌"的情意，发出"沙田处处是东涌"的感慨。

当然，一部文学作品，只能从作者亲身体验与感受出发，通过活生生的人物和事件的描写，表达个人的观察与情感，引发读者的想象与同情，希望对沙田地区的乡村获得更多理性认识的人们，自然不会满足于一部半个世纪前的作品的描写。将近 30 年前，当我们开始在珠江三角洲从事乡村历史的研究，就一直努力将目光投射到沙田区的乡村中。但由于我从事的主要是明清时期的历史研究，而历史研究对文字资料的依赖，令我的研究一直聚焦在沙田区周边的大乡镇,对沙田农村的历史变迁,虽然怀有一种关注,但囿于能力与时间,一直没有真正深入到乡村中展开研究。事实上,长期以来,学界以沙田乡村为对象的研究成果也不多见,人们对沙田区乡村的了解十分苍白虚弱,这无疑是一种有点令人遗憾的现实。所以,当我看到香港科技大学华南研究中心的一群学者经过数年努力,在深入的研究基础上,写出这本以番禺东涌为对象,探讨沙田区社会生态的论集时,欣悦之情不禁油然而生。读过这些稿子之后,我不仅对东涌的社会生态与历史文化有了很多新的认识,更在心中激荡起深深的人文情怀。

珠江三角洲,在环南海大陆岸线上,是一块经济与文化的热土。今天,这块土地聚集了高度密集的人口和生产力,创造了经济发展一个又一个的奇迹,成为世界上最密集的都市群之一。然而,在不算太遥远的古代,这里只是一个崇山峻岭环绕,中间岛屿星罗,沼泽遍布的海湾。几条水量充沛的大江,分别从东、北、西三个方向流入。在这个海湾及周边的岛屿山林江河中的人们,大多傍水为生,汉代的文献说这里是"陆事寡而水事众,于是民人被发文身,以像鳞虫;短绻不绔,以便涉游;短袂攘卷,以便刺舟。"(《淮南子·原道训》)这些世世代代生活在这里的主人,后来被来自其他地区的人称为"蜑",视之为"南海夷种"①,并赋予了种种侮辱性的文化意涵。今天,为了消除歧视,人们用"疍"字取代了"蜑"字,但歧视和被歧视的心理依然顽强地延续着,以致"疍"(常用疍民、疍家、疍人一类称呼)仍然是一个人们常常避忌的用语。

不过,如果我们拨开被文字书写蒙盖上的雾翳,历史清清楚楚地记录着,珠江三角洲地区自古到今的经济与文化发展,都是由世世代代被歧视被侮辱的疍人创造的。在遥远的古代,今天的三角洲还是一个水国,这个海湾是大陆通往南海的主要门户之一,南海与印度洋周边地区之间的经济文化交流,以及通过西江、东江、北江连接五岭内外的联系,都是由这些善操舟之人搏击风浪驾船行走实现的。到珠江三角洲大规模开发的明清时期,几乎所有的沃壤都是由这些本来生活在水上的人群开拓出来。明朝建立之初,王朝国家在这里把当地大批疍民收编为军,设立多个卫所,在珠江三角洲广辟屯田,把珠江三角洲的历史推进到一个大规模农业开发的时期,在这个重大历史转折中,居功至伟的,毫无疑问是这里的疍人。在后来的历史发展中,他们很多人成为王朝编户,甚至入学读书,接受士大夫推动的教化,在身份上

---

① 毛晃、毛居正:《增修互注礼部韵略》。

逐渐同"疍"切割开来,但也由此在历史记忆中掩没了疍人在社会经济发展进程中的角色。然而,随着珠江三角洲开发过程的加速,拓垦的规模迅速扩大,在这个过程中做出最重要贡献的,仍然是那些被拒于编户齐民门外的疍人。他们通过人工力量,拍围筑基,在大海中造出了大片大片的土地,垦辟为农田,并通过大规模的水稻生产,支撑并推动着珠江三角洲的商业化和工业化。可以说,正是这些本来生活在水中,被陆上人排斥和欺压的疍人,用他们的双手,开造了珠江三角洲这片美丽的土地。今天在这片土地上生活,在这片土地上创造财富的人们,没有理由忘记,更没有资格歧视那些辟开这片新世界的疍人。

在相当长的一段历史时期里,所谓"疍家",总是指那些在水上生活,被剥夺了上岸居住等多种社会和经济权利的人,他们长期被遗忘,被丑化。他们没有自己的历史,在地区历史上,只是一种边缘的角色。虽然偶尔也有一些文人会写下《疍人谣》一类对疍人苦况表达同情的文字,① 但直到20世纪上半叶罗香林、陈序经、伍瑞麟等学者开展社会科学取向的疍民研究之前,人们对于疍民社会的了解都只有一些零碎片面的印象。1950年代以后,沙田区疍民社会发生了翻天覆地的改变,但

---

① 见张堉撰《竹叶庵文集》卷2。

相关的学术研究却仍然没有太多实质性的进展。

其实,珠江三角洲沙田区的社会经济与文化的历史变迁,是一个非常有学术魅力和价值的课题,沙田区的疍民先是从水上到陆地,从流动到定居,从贱民到村民;沙田区的交通从水路到陆路,再到高速公路纵横贯通;农业经营从稻米到甘蔗果木;产业从农耕到工业化;景观从人迹罕至到旅游观光热点。这种种变化,都向人文社会科学的学者提出了许许多多重大的课题,为学者们开展深入研究留下无限的空间。我相信,把珠江三角洲沙田地区的研究累积起来,一定能够触动研究者产生很多新的灵感,找到新的学术视角,形成独到的见解,提出新的理论解释。在深入研究的基础上,沙田区的疍民,一定可以真正成为这块土地的历史的主人,书写出一部自己的历史。

近半个世纪以来,尽管疍民的社会地位的确已经发生了根本的改变,但历史上形成的对疍民的歧视心态,仍然根深蒂固,"疍",依旧是一个含有贬义,充满歧视的词语。一方面,人们在推销本地文化形象的时候,都特别喜欢用"水乡风情""水乡文化"一类标签来招徕,把"水乡"作为一种文化自豪的资本,用来塑造岭南文化的形象;另一方面,很多人仍然对"疍"抱有歧视,或者仍然把"疍"视为贬义的带侮辱性的称谓,在很多以"水乡"风情展示本地文化特色的地方,我们常常还是会看到有意无意回避了"疍"的标签。这种有点吊诡的现象,令人扼腕。我每到那些近年来刻意"打造",以"岭南水乡"为特色的旅游景观,都会生出一种感慨,没有疍家,还是岭南水乡吗!令我感到欣喜的是,在眼前的东涌,当地的政府和乡民在发展当地的生态旅游时,已经再也不讳言"疍"了,疍家艇、疍家寮、疍家歌、疍家糕……种种疍家的生活民俗,都已经成为展示水乡风情的基本元素。虽然要消除对"疍家"的歧视或自卑心态,还需更长的时日,但今天能够这样自豪地展示疍家的文化风俗,对于保存水乡疍民的文化并发扬光大,培养"疍家"的文化认同,无疑会产生积极作用。

当然,对于大沙田区的疍民来说,他们的未来生活,他们的文化自信,并不应该只是建立在这种借助旧日风情所建立的文化形象的塑造和展示之上,我们应该更多把目光投到大沙田的疍民们在艰难的自然环境和社会生态下开拓自己新生活的业绩,以及在艰苦奋斗中培育出来的不屈不挠的进取精神上。东涌人在过去几百年走过的路,他们创造出来的成就,向人们展现的前景,都可以让我们坚定一种信念,歧视疍民的历史一去不复返了,他们不再是一群被侮辱的人,他们已经掌握着自己的命运,正在开创自己的未来。"疍",这个被玷污了上千年的称呼,应该成为一个可引以为豪的名字。不久前，我到台湾历史博物馆参观，看到有一个关于台湾平埔人的展览，其陈列中有一块大板，将前些年平埔人社会运动的一些口号标语用大字叠印在上面，其中有一句是"甘愿做番"。不论这些口号背后有什么政治议程，我当时马上冒出一个联想：什么时候，我们珠江三角洲沙田区的人们也可以大声喊出——"甘愿做蛋"！

1927年，钟敬文先生用《蛋歌》为书名，把他收集的蛋民歌谣编集起来，列入"北京大学民俗学丛书"出版，钟先生在《序言》里发出呼吁说：蛋民在中国是被视为化外的民族的，"但这种错误的眼光，我们现在不能再把它保存着了"。80多年过去了，学者们的努力已经从收集蛋歌开始，走到从多方面开展对蛋民社会与文化的研究，更是应该彻底抛弃那些对蛋民的偏见与歧视。我衷心希望我们的研究者，除了怀有一个学者对社会科学理论探索的追求之外，更应该怀有一种人文的关怀，以自己的研究，彻底地改变"蛋"这个名称的文化意涵，为大沙田区的主人书写他们自己的历史。为此，在这本以东涌为对象的研究文集出版在即的时候，我希望能够借文集一角，写下一些想法，表达让钟敬文先生一辈学人的志业能够在我们这个时代真正实现的愿望。

2013年4月25日写于台湾新竹木淑馆

## 移情与史学研究之境界[*]

30年前,陈寅恪先生笺释钱柳因缘诗终于完稿,为"然脂暝写费搜寻,楚辞吴歌感恨深"而心力交瘁的瞽目老翁,于"刺刺不休,沾沾自喜"之余,写下两首《稿竟说偈》,[①]表白其写作《柳如是别传》是"刻意伤春,贮泪盈把","述事言情,悯生悲死"。10多年后,世人捧读这部渗透着古人和作者血泪的"明清痛史",卷首之《咏红豆并序》强烈地撼动了读者的心灵,"灰劫昆明红豆在,相思廿载待今酬"的自白,令人们深信,《柳如是别传》是一部寄情至深之"心史"。然而,人们对这位自嘲"以旧瓶装新酒"的学者在书中所寄托的"家国兴亡哀痛之情感"给予极大同情之时,常常未能真正理解作者笺释钱柳因缘诗时所持之"移情"态度,乃是一位卓越史

---

[*] 本文与陈春声合撰,原刊中山大学历史系编《〈柳如是别传〉与国学研究——纪念陈寅恪教授学术讨论会论文集》(浙江人民出版社,1995)。
[①] 《陈寅恪诗集》,清华大学出版社,1993,第126~127页。

家对史学研究至高境界的有意识追求。

作为同时具备诗人与学者两种品质的历史学家，陈寅恪先生的史学研究历来十分重视史家的"神游冥想"。这种对研究对象的移情理解，贯彻在他的全部史学研究实践之中，是他一生所追求的学术境界。60多年前，在《冯友兰中国哲学史上册审查报告》中，他已经精辟地阐述了"移情"在史学研究中的意义：

> 凡著中国古代哲学史者，其对于古人之学说，应具了解之同情，方可下笔。盖古人著书立说，皆有所为而发。故其所处之环境，所受之背景，非完全明了，则其学说不易评论……吾人今日可依据之材料，仅为当时所遗存最少之一部，欲藉此残余断片，以窥测其全部结构，必须备艺术家欣赏古代绘画雕刻之眼光及精神，然后古人立说之用意与对象，始可以真了解。所谓真了解者，必神游冥想，与立说之古人，处于同一境界，而对于其持论所以不得不如是之苦心孤诣，表一种之同情，始能批评其学说之是非得失，而无隔阂肤廓之论。①

此处所论，虽由讨论中国哲学史研究方法而发，然其原

---

① 陈寅恪：《金明馆丛稿二编》，上海古籍出版社，1980，第247页。

理又绝非只适用于哲学史研究,大凡史学研究,无不是"欲藉此残余断片,以窥测其全部结构",故亦无不需要以艺术家之眼光和精神,求得同情之了解。史学研究中的"移情",不是一二文人遣情寄怀的游戏,也不是史家偶尔借用的工具,而是一种在强烈而伟大的"历史感"之下,对古人及其时代的洞察力和同情心,这是一种只可意会不可言传的体验。"移情"所达致之境界固然与史家之学养及所下的功夫有关,但可能更得益于某种天赋。史学研究中的"移情理解",在东西方学术传统中均有深厚的渊源,植根于古今史家广博而深刻的人文关怀,这种关怀在20世纪所谓的"科学时代"更显示出其价值和魅力。在陈寅恪先生的著作中,读者自觉不自觉都会不同程度地被引入这样一种境界。上引对"著中国古代哲学史者"之期望,又何尝不是作者本人一生的孜孜追求,尤其是在作者"不仅藉以温旧梦,寄遐思,亦欲自验所学之深浅"①的《柳如是别传》中,更表现得淋漓尽致。

陈寅恪先生对于传主河东君怀有异代知己的感情,对陈杨钱柳间因缘离合,感触至深,是人所共知的事实,作者也直言自己"披寻钱柳之篇什于残阙毁禁之

---

① 陈寅恪:《柳如是别传》,上海古籍出版社,1980,第3页。

余,往往窥见其孤怀遗恨,犹可以令人感泣不能自已者焉"。① 这种感情在《别传》中处处都有强烈的表达。如第四章解读河东君"春日我闻室作,呈牧翁"诗之今典时,阐明了诗中表达的河东君感怀身世及与卧子、牧斋二人之间的复杂感情后,作者写下了自己的内心感受:

> 故"珍重君家兰桂室"之句与"裁红晕碧泪漫漫"之句互相关涉,诚韩退之所谓"刳肝以为纸,沥血以书词"者。吾人今日犹不忍卒读也。②

若非作者感怀至深,又何至于如此。然我们读《柳如是别传》时,更强烈的感觉,是陈寅恪先生如此"痛哭古人",所希望"留赠来者"的,绝不只是这种一己之真感情。在这种感情之后的,仍然是一个史学家的冷静和理性,情感与理性的交融,使后人体验到某种"脱俗"的学术意境。

在《柳如是别传》中,史家作为"中立旁观者"的态度是随处可见的。第三章一开始,他就指出了历来记载河东君事迹者有两类,一类"虽具同情,颇有隐

---

① 陈寅恪:《柳如是别传》,第4页。
② 陈寅恪:《柳如是别传》,第561页。

讳";另一类"因怀恶意,遂多诬枉"。进而申明自己的研究,是"欲考河东君生平事迹,其隐讳者表出之,其诬枉者驳正之"①。他也深知要做到"不漏不谬,始终完善",是"势所不能",但终以他人难以企及的功力和史识,达到了钩索沉隐,洗冤辩诬的目的。以寅恪先生对河东君的爱怜和尊慕之情,加上以往关于柳如是的记载多属诬枉之词,《别传》最大的贡献自然是辩诬。但陈寅恪先生在"其隐讳者表出之"方面的成绩,也具有同样价值。如考订为顾云美等所隐讳的陈卧子与河东君之关系,就是寅恪先生最为自得的成果。

  人们都知寅恪先生写作《别传》时移情至深,却有意无意混淆了作为史家的"了解之同情"与作为古人异代知己的"倾慕之同情"。其实,在"忽庄忽谐,亦文亦史"的《柳如是别传》中,寅恪先生这两种感情的表达是有明显区分的,在对待钱牧斋的诗文及其性情行为的评论上固然表现得特别明显。对陈杨钱柳的因缘离合不时表露出来的伤感抒怀,并没有妨碍作者冷静而理性的分析评论。即使是对作者赞美无加的河东君,作者也没有忘记自己作为史家所应保持的冷静。在第四章指出《初学集》删去了钱牧斋与陈子龙之间的诗书赠答之后,

---

① 陈寅恪:《柳如是别传》,第39页。

移情与史学研究之境界 // 053

寅恪先生指出是：

> 似因避去陈柳之间关系之嫌所致。此点若非出自牧斋，则必由于瞿稼轩之主张，瞿氏于此未免拘泥春秋"为尊者讳，为亲者讳"之旨。……遂为师母讳耶？①

能够揭发瞿稼轩"为师母讳"的史学家，自然会有不为传主讳的自觉。寅恪先生固然从不隐讳自己对河东君的感情，甚至还会在一些问题上为之回护，但书中关于河东君的讨论，既多怀同情之心，抒怜爱之情，又仍具冷眼旁观之自觉。我们不妨举一个寅恪先生"移情"于河东君心境的典型例子，在讨论到钱牧斋的《合欢诗》与《催妆词》皆无河东君和章的原因时，作者说：

> 河东君之决定舍去卧子，更与牧斋结缡，期间思想感情痛苦嬗蜕之痕迹，表现于篇什者，前已言之，兹可不论。所可论者，即不和合欢诗催妆词之问题。盖若作欢娱之语，则有负于故友。若发悲苦之音，又无礼于新知。以前后一人之身，而和此啼笑两难之什，吮毫濡墨，实有不知从何说起之感。

---

① 陈寅恪：《柳如是别传》，第609页。

如仅以不和为藏拙,则于其用心之苦,处境之艰,似犹有未能尽悉者也。①

寅恪老人对河东君心境之探寻,此可谓极致深微之程度,但这种同情,与其说发自对河东君的倾慕之情,不如说是基于一位学者的冷静加诗人的敏感。

事实上,陈寅恪先生在《柳如是别传》中对所笺释诗文的"移情",并不是由他个人对河东君、陈卧子、钱牧斋等人的情感产生出来的态度,这种情感固然使他可以真切地体验着他们内心深处的情怀和心理活动,但陈寅恪先生解读文献时的"移情",并不必依赖对文献作者的倾心和认同,而是作为史学认识所必取的态度。在《别传》中,即使对于他所讥讽的徐三公子、所怜悯的程孟阳、所鄙视的谢象三,他又何尝不是力求与之处于同一情景中,"表一种之同情",如第 211 页讨论到程孟阳《缅云诗》第八首时说:

> 今日吾人读至"一朵红妆百镒争"之句,不禁为之伤感,想见其下笔时之痛苦也。

这种理解之同情在第 396～426 页关于谢象三与柳如是

---

① 陈寅恪:《柳如是别传》,第 649～650 页。

关系的论述中也充分地表露出来。

史学研究中之移情,非独谓移情于个人之心境,而更基本的是要移情于研究对象所处的场景之中,陈寅恪先生在书中开头,已经特别提到本书"于时地人三者考之较详",虽直接的理由是"盖所以补遵王原注之缺者"。但之所以有必要补此"缺",是因为史家欲求得对史料的通解,"必神游冥想,与立说之古人,处于同一境界"。在《别传》中,我们虽然看到作者用大量篇幅于时间、地点和人事的考订,作者和读者都难免有过于琐屑之感,但正是这些考订,使史家得以在一个确定的场景下,通过"解释古典故实","探河穷源,剥蕉至心",真切地体会每一诗句作者的感情及意蕴。

或有论者以为这种"移情"会妨碍学者的理智判断,但其实,若史家不能与其研究的对象处于同一情景下去体会其真感情,所谓的"理智判断"又以什么为对象呢!在这里我们需要小心地区分史学研究中的"移情"与以一己之感情随意解说史料的根本区别,陈寅恪先生在前引《冯友兰中国哲学史上册审查报告》的那段话之后紧接着指出:

> 但此种同情之态度,最易流于穿凿傅会之恶习。……著者往往有意无意之间,往往依其自身所

> 遭际之时代，所居处之环境，所熏染之学说，以推测解释古人之意志。……其言论愈有条理统系，则去古人学说之真相愈远。

由此说来，史学研究中的移情理解与投一己之感情穿凿附会的区别，恰恰在于研究者是否有真正的"移情"。在《柳如是别传》中，陈寅恪先生不是以一位20世纪大学教授对300年前党社胜流与江南名姝的感情去解读钱柳因缘诗文篇什，而是神游于古人诗文的意境之中，将自己的情思投射到300年前的历史舞台。当河东君游宴夜饮于嘉定名园之中，"议论风生，四座惊叹"时，寅恪先生在一旁见程孟阳诸人"心已醉而身欲死"，窃笑之余，更体察到"河东君自与程孟阳一流人交好之后，其作品遣辞取材之范围，已渐渐脱除旧日陈宋诸人之习染，骎骎转入钱程学论诗之范围，盖几与当时萧伯玉士玮艾千子南英江西诸名士同一派别，而非复云间旧日之阿蒙矣"[1]。论者若以为寅恪先生此时"难免不相随而欲醉欲死"[2]，则未能"移情"于寅恪先生笺释钱柳因缘诗之苦心矣。以诗人之心神驰于300年前之舞台，又以史家之识作冷眼旁观，所谓"移情"，不外乎

---

[1] 陈寅恪：《柳如是别传》，第439页。
[2] 汪荣祖：《史家陈寅恪传》，台北：联经出版事业公司，1988，第223页。

此。王国维在《人间词话》中论诗的创作时说:

> 诗人对于宇宙人生,须入乎其内,又须出乎其外。入乎其内,故能写之,出乎其外,故能观之。入乎其内,故有生气。出乎其外,故有高至。①

这种境界,对于历史学家更是需要,寅恪先生写作《柳如是别传》可以说是真正达到了。可是,要达到如此之境界,又谈何容易,不但需要诗人的想象力和浪漫情感,更需要学者的深厚功力。寅恪先生曾说过:"自来诂释诗章,可别为二。一为考证本事,一为解释辞句。质言之,前者乃考今典,即当时之事实。后者乃释古典,即旧籍之出处。"②若不能如陈寅恪先生那样得心应手的运用古典和今典参互求证,融会贯通,必不能真尽通解古人诗文之遣辞用意,欲神游于古人同一情景,亦可望而不可及矣。

总之,《柳如是别传》是陈寅恪先生熔"史笔诗心"于一炉的代表作,人们多臻臻乐道于其"诗心"的时候,不可忘其"史笔"之根本。寅恪先生寄托在《柳如是别传》之中的情怀,不但绝非徐三公子、程孟阳之

---

① 王国维:《人间词话》卷上。
② 陈寅恪:《柳如是别传》,第7页。

流所能理解,即便陈卧子、钱牧斋之辈,亦不可达至同一境界,这种境界是一个将"家国兴亡"和"思想自由"融为一体,集理性主义与浪漫主义于一身的史学大师的至高境界。今日读此"痛史"之我辈,虽难以与大师处于同一境界,亦应求得一种了解之同情。

## 天地所以隔外内 *

我生在南岭，长在岭南，对南岭有一种特殊的情感，我从事研究和教学时脑子里冒出的很多问题意识和学术观点，也得益于在这片山地的生活经验。因此，当我看到身边几位从事历史地理研究的年轻同事要在南岭做一番研究，自然要凑过去探头窥望一番的。尽管坊间有"观棋不语"的规诫，但观棋之人总是自己沉溺局中，虽不能左右棋局，却欲言难止，观战一轮，忍不住就要发一点议论，希望不会被棋局中人轰走。

一　南岭作为一个研究范畴的"区域"

所谓的南岭，一般认为是"五岭"的别称，历史文献上多见的名称是"五岭"，而当代更习用"南岭"之

---

\* 本文是为"南岭历史地理研究丛书"写的总序的简本，原刊于2016年1月31日《东方早报·上海书评》，发表时编辑改了标题，现根据原稿改。

名。自古以来，南岭一直是"中国"出岭外之天然屏障。"岭外"被中土人士目为蛮夷化外之地，数千年来未有真正改变。《水经注》言："古人云：五岭者，天地以隔内外（会贞按：《汉书·严助传》载淮南王安上书，谏伐南越，曰：越与中国异，限以高山，人迹所绝，天地所以隔外内也），况绵途于海表，顾九岭而弥邈，非复行路之径阻，信幽荒之冥域者矣。"① 岭北与岭南，无论气候风俗还是语言人群，自古至今，均有明显差异。

然而，屏障未必是天堑，南岭山地的地形构造，特别是由多个较小规模的山脉东西并行排列的格局，崇山峻岭之间又分布着多处相对平衍的丘陵，形成多处岭北岭南间交通之孔道。最重要的是，在南岭北部，通往长江的有湘江流域的湘水、潇水、耒水，赣江流域的贡水、桃江、章水；在南岭南部，西江流域的桂江、贺江，北江流域的连江、武水、浈水，东江流域的寻乌水、定南水、韩江流域的石窟水、汀江等等多个水系，直接把南岭接到南海。这些长江流域与岭南的南海周边地区连接起来大致呈南北走向的水道，均深入南岭腹地。这种交通条件，使得南岭这个南北相隔的天然屏障，同时也成为南北人群交往和商品流通的孔道。

---

① 郦道元撰、杨守敬纂疏、熊会贞参疏《水经注疏》卷36。

经由南岭山地的南北交通,并非简单地只把同一经济体系中的两个地区联系起来,更是连接环南海地区和中国大陆两个世界性区域的纽带。明人王临亨在《粤剑篇》中记录行经南岭的经历感受时说:"二日早发南安,平旦度梅岭。其阴,石径蛇行,屈曲而多委;其阳,峭壁林立,深秀而多致。要皆平坦靡咫尺,险隘足困客趾者。忆余尝由金华过括苍,度一岭,高险倍之,而以僻,故其名不传。此岭独以横截南北,为百粤数千里咽喉,犀象、珠翠、乌绵、白氎之属,日夜辇而北以供中国用,大庾之名遂满天下。山河大地亦自有幸不幸耶!"[①] 这段话非常贴切地道出了南岭的特殊地理角色。在中国版图上有很多山脉或山区也都是沟通南北东西的咽喉,而经由穿越南岭的交通孔道运送的商品不仅数量规模庞大,而且这种流通是南海与内陆之间的物资流动、人员交往以及由此产生的文化交流。

把南岭视为一个作为学术研究范畴的整体性区域,首先要面对的,是以往学界既有的作为研究与分析单位的种种区域概念。无论在以行政区还是以经济区、文化区来划分的区域体系,南岭都处在这些区域的分界交叠

---

① 王临亨:《粤剑编》卷4《志游览》,《博贤编》《粤剑编》《原李耳载》合刊本,中华书局,1987,第96页。

的位置。就行政区而言,南岭连接着湘赣粤桂闽数省;以学界熟知的施坚雅提出的经济大区划分来说,南岭的南北分别属长江中游区域与岭南区域,东西则连接着东南沿海与云贵高原。显然,如果把南岭视为一个整体性的"区域",在概念上既跨域了不同的行政区,也与施坚雅的市场体系模型下的"区域"截然不同。

然而,施坚雅基于市场层级体系建立的区域模型,对于以区域研究方法来认识中国历史的意义,不在于其区域划分在形式上有多少合理性和多大的适用性,而在于他建立中国区域体系的方法论。用他自己的话说,他的区域模型,"是一个地方和区域历史的网状交叠层级体系(an internested hierarchy),这些地方和区域的范围分别以人之互动的空间形构(the spatial patterning of human interaction)为依据"。如果我们在这个层面延续施坚雅的逻辑,以"人之互动的空间形构"为理解区域的方法,扩展研究视野,从人的非经济理性行为和经济理性行为交织的各种历史活动着眼,就可以从国家权力的扩张与抵抗、人口的空间流动、生态的适应与改造,族群的文化互动等等的历史过程中形构出不同的"网状交叠层级体系"。

因此,南岭虽然在施坚雅模式中处于几个经济大区的边缘,区域内几乎没有真正的区域中心城市,套用不了施坚雅的市场网络的层级结构，但在这个边缘地带的山岭中生活的人群，在山地生存和族群交往中长期持续的文化互动令南岭整合为一个具有某种地理和文化上的整体性的区域。这个区域南北沟通海陆华夷，东西串联汉壮瑶畲，四周与几个经济大区相接，局部的封闭性与整体的开放性并存，构成南岭作为一个整体性区域的特质。

把南岭作为一个具有整体性区域来研究，可以梁肇庭教授在客家研究中建立的客家区域概念为范例。① 梁肇庭教授从施坚雅的区域理论出发，导出了一个与施坚雅的区域划分不同的客家区域。他将客家的历史同施坚雅的大经济区域的周期发展联系起来。在施坚雅的区域体系中，大区划分主要是以江河流域和盆地为基础的，而形成客家共同体的山地则覆盖在几个大流域的分水岭之间，亦即不同大区的边缘。尽管他的讨论本意是要发挥施坚雅的区域体系理论，但实际上已经勾勒出一个叠加在施坚雅的区域地图之上的区域图层。生活在跨区域边缘地带的山岭中的人群，在与各大区的核心地带互动过程中形成自己的互动空间与文化认同，在此基础上，

---

① 见 Leong, Sow-theng, *Migration and Ethnicity in Chinese History: Hakka, Pengmin and Their Neighbor*, Stanford: Stanford University Press, 1997.

这些人群整合为一个有很强认同感的族群，在空间上也形成一个具有自身特质的人文地理学意义的区域。

梁肇庭教授在客家研究中采取的这样一种从跨区域边界人群的流动和互动去解释区域认同形成的分析方法，是在既有的区域知识架构下从边缘与中心的互动过程来展开的。如果说这实际上还没有真正走出既有的区域研究的"核心－边缘"分析模式的话，荷兰阿姆斯特丹大学的历史学家 Willem van Schendel 教授近年来提出的"Zomia"地区的地理概念，推进了在学术研究领域中关于"区域"的认知。Schendel 教授提出，"区域"是一种把特定社会空间以及特定的分析规模具象化和自然化的地理隐喻，区域研究在产生出为人们所了解的特定地理单位的同时，也制造了学术视野之外的地理单位。区域研究的特定结构，形成一种区域的中心与边缘的认知模式，从而在认知上形成一个特定区域与特定的知识类型的周缘地带。以往，这种处在各区域之间的边界地区常常只被视为中心的边缘，没有以其独特的学术价值进入研究者的视野。然而，当我们要分析跨境流动的时候，以国家或区域作为研究单位在规模上已不能适应研究的视野，除了流动本身不会局限于"区域"的规模外，在流动规则方面的竞争状态也一直持续不断地影响着地理单位规模的变动，并改变其相对的重要性，甚或创造出全新的地理单位。于是,"过程地理学"在边界地区最能够得到显现,研究者由此得以跳出区域的规模,发展出一种新的区域空间的概念。他把在第二次世界大战以后形成的东亚、东南亚、南亚和中亚几个区域之间的边界相连地区命名为"Zomia",建立起一种由几个区域的边界地区相连而成,以区域间的政治过程以及跨区域的人群、物资、知识的流动构建的知域。①

从这样一种由跨区域的边界和人的流动去建立地区空间概念的历史人类学研究取向出发,南岭就自然可以成为一个作为研究单位的区域。南岭山地既是天地所以隔内外的分界,又是沟通长江流域和珠江流域的通道,这个区域间的人群和物资以及文化与知识的跨境流动,形成南岭社会与文化的内在特质。南岭以南,是环南海区域的北部,流入南海的珠江以及邻近几条小江河把南岭山脉延伸至海岸的一片陆地,与南海海域连成一个地理上具有整体性的区域。这个地理板块在自然地理、生态环境、交通条件、人群流动与分布等方面属于学界称为"亚洲地中海"的世界性区域。而南岭以北,在漫长的历史时期属于中华帝国的核心版图,由南岭流出的多

---

① Willem van Schendel, "Geographies of Knowing, Geographies of Ignorance: Jumping Scale in Southeast Asia", *Environment and Planning D: Society and Space*, vol. 20, no. 6, 2002, pp. 647–668.

条江河把南岭与在长江中下游地区的湖区连接起来,成为"九州"的组成部分,南岭由此与帝国核心区连成一个整体。刘安《淮南子·原道训》云:"九疑之南,陆事寡而水事众,于是民人被发文身,以像鳞虫;短绻不绔,以便涉游;短袂攘卷,以便刺舟。"这类描述清晰地表达了南岭以南的人群相对于南岭以北的人来说属于异类。《史记·货殖列传》记:"番禺亦其一都会也,珠玑、犀、玳瑁、果、布之凑",则显示出岭南对于中国的意义在于提供中原地区所缺而王朝国家所需的南海周边地区的独特物产。因此,如果我们从界域与流动的角度去研究南岭,首先要在以环南海地区为核心的"亚洲地中海"与以黄河长江流域为核心的中华帝国两个世界性区域互动的层面上把握。所谓"天地所以隔内外",构成了南岭历史的基调,南岭之所以能够构成一个作为研究范畴的区域,就是在这个基调下演绎出来的。

## 二 王朝体系下的南岭

在这样一种理念下,我们研究的出发点,首先是跨越这个边界活动的人。出入于南岭山地的,既有持续不断从"中国"向南迁移的人,也有环南海圈里流动着的形形色色的人。他们在南岭的进进出出,或应对生存和竞争压力在山地间移动,不同人群之间互动,形塑出南岭的社会构造与文化特质。与此同时，作为帝国边缘的南岭，其历史始终在帝国扩张的大背景下展开。这个"帝国"，既是一种政治力量的延伸，同时也是一种"文明"的渗透，通过文字与教化的推广来实现。这个人群流动和国家扩张交织的历史过程，在由南岭连接起来的两个区域体系之间的物资和知识的流动中展开。

在漫长的历史中，来自不同地区的人持续地进入南岭山地，并且频繁地在山地间的流动，是南岭历史的一个主题。以往的历史观常常把这种人群的移动视作移民史和开发史的课题。毫无疑问，由人的流动和流动的人的活动构成的历史，的确可以从移民的角度来观察，但我们更值得去深入探究的，不应该只停留在人的空间移动上，这些人来源的复杂性及其文化传统的多元化、移动时间的持续性和周期性、多种方向甚至看似无序的流动路径、在不同历史时刻"外来者"与相对而言的本地人之间的互动，以及在这些过程中文化认同形成机制等等，都可以令我们超越移民史的视角，转向为由人与物以及文化的流动和互动去建立关于区域社会建构的认识。在一个以户籍制度作为王朝国家统治体制基础的社会体系中，那些持续不断地进入南岭的人口，原来已经是国家编户的，与其说是移民，不如说是逃户；而随着南海北部各河口三角洲和在山区间的河谷盆地被王朝国家深度渗入，那些南岭的山地自然成为自居化外的蛮僚最后栖息的家园。于是，山地人往往不是沿着江河流域，而是沿着山岭高地或在山峒间移动。他们的流动方向大多是散漫且多向度的，有的甚至是在山地间的无序流动，有从山地之外向山地流动，也有走出山地向外移动。这些本来在历史文化传统上有很大差异性的人群，在流动中彼此之间发生频密的互动。在同一种生态处境中，这种流动和互动的过程，逐渐酿成了文化上的共同性，也形成了新的分类。南岭山区正在消失中的方言岛现象，以及我称之为南岭山地普通话的"客家话"的形成和空间扩展，就是这个事实的一种折射。

要更加深入了解这个过程，我们需要在山地生态环境及其对山民生存方式的影响，山地人群应对王朝国家统治的策略及其行动，还有山地的市场体系以及人的市场活动等方面进行深入研究。以市场活动为例，如果套用施坚雅的市场模式来看，南岭山地的市场，在层级结构上比较单一，稀疏的市场中心所覆盖的市场区域范围远比平原地区的广大，甚至还往往同时兼具了从基层市场到中间市场和中心市场的功能，并且直接同更大的区域性市场联结起来。这导致了山地居民相对于平原地区的乡民有更广阔的市场活动空间。这对山地人群的族群性和文化认同的形成是非常重要的一种机制。至于这样一个本地的物产（尤其是矿产）以及本地市场的交换流通，与南岭作为前面所说的跨区域市场流通的通道之间的关系，我们所知甚少，但可以想象，跨区域的物资流动和人的交往，把不同的人群源源不绝带入南岭山地的同时，也必然拉动更大规模的区域范围的文化交流。

在文字传统方面，我们今天在南岭人群中可以看到的各种与文字传统多重相关的文化遗存，例如，瑶族畲族的盘王传说、过山榜、家先崇拜与祭祀、师公的仪式、亲属称谓以及婚姻形态、家族制度、聚落和建筑的风水传统、以客家话为主体的汉语方言、女书，乃至汉文书写的契约文书、族谱、碑刻等等，都是不同的文字传统持续不断在这里渗透，并与非文字传统交融整合的结果。特别要强调的是，我们在这些文化遗存中看到的文字传统，并非单一的王朝国家和儒学传统的士大夫推广教化的过程，在日常生活中的本地文化传统中，文字的应用和传播，对南岭山地社会产生更长期持续深入的影响，显然来自佛教和道教以及各种民间宗教传统的传播和扎根。

当然，南岭北部的王朝国家及其文化长期持续的渗入、控制和整合，国家制度的存在和王朝历史的节奏，对南岭社会、文化与历史有着最深远的影响。中国的王朝国家的存在，是研究南岭社会文化历史时首先要确定的事实。正是这个事实，与南岭以南地区在地理上属于环南海区域的事实叠合在一起，使得国家在南岭的存在以及国家力量在南岭社会的整合过程及其影响都表现出复杂性和独特性。如果我们把这样一种国家历史的向度，拉回到南岭当地发生的历史的视角，我们可以相信，叛乱和族群互动，是形塑南岭社会文化特质最重要的机制之一。在南岭地区叛乱与族群的历史中，很鲜明地反映出南岭作为中国的王朝国家和环南海地区的跨界角色，凸显着这两个区域政治与文化互动的特质。例如，在南岭以南地区的叛乱势力，往往是山盗海寇一体，海寇上山或山盗下海，成为很多大规模叛乱的活动方式；在官府的眼中和文字书写的历史记载里，这些叛乱往往都打上族群的标记；在一些人的观念中，甚至逐渐形成上山为瑶，入水为疍的分类成见。这些现象，都体现了南岭跨区界域的特色。叛乱作为对国家政治权力的反抗，而族群则往往是一种对主流文化认同的抗拒，两者交织的关系，不可避免地总是我们观察南岭历史的主要内容。讨论到这一点，也许我们可以把南岭研究联系到近年来学界关于前述 Schendel 教授称为 "Zomia" 地区的研究提出的一个热门话题，就是从山地人群"逃离国家"的选择来解释像 "Zomia" 这类跨界边缘地区的历史与社会形态。

在这个问题上，我有一些不成熟的想法，借这个机会再多谈几句。"逃离国家"的话题,是由 James Scott 教授在关于 Zomia 地区历史的研究中提出的。作为一种关于地域空间的研究,Scott 引入垂直空间视角去观察 Zomia 地区的政治和社会结构与历史过程,他由个人及群体的能动性去解释高地社会的政治体制,把作为历史行动者的山地人群的"无国家"政治选择作为理解高地人群的生存条件、生产与生计方式、价值体系和社会结构的出发点,建立一种关于山地区域历史结构的解释模式,颠覆了既有的国家史观。① Scott 的著作用了一个颇具刺激性的标题——《不被统治的艺术:高地东南亚无国家主义者的历史》作为书名,鲜明地表达了其颠覆"国家史观"的用心,从高地人群的立场和能动选择去论述高地社会与政体发展的历史。这个标题在表达学术主张与理论特色上是非常成功的,但是也造成了一些误读。最常见的是以为他讲述的是一个非国家化的历史和没有国家统治的区域和社会形态。其实,他从高地人群逃离国家的选择出发的讨论,非但不是呈现一个无国家

---

① James C. Scott, *The Art of Not Being Governed: An Anarchist History of Upland Southeast Asia*, New Haven: Yale University Press, 2009. 我对 Scott 的著作的理解,从何翠萍等的《论 James Scott 高地东南亚新命名 Zomia 的意义与未来》(《历史人类学学刊》第 9 卷第 1 期,2011 年 4 月,第 77~100 页)一文得到很多启发,谨此致谢!

的历史过程,相反恰恰是由"国家效应"出发的一种分析立场,只是这种国家效应不是从国家扩张与人群的被动应对来说明,而是把高地人群的逃离国家作为一种主动选择和立场坚持,乃至意识形态建构来分析国家效应在 Zomia 区域历史中的展开。我以为,这种立场在方法论意义上,不只适用于 Zomia 地区,也适用于其他国家建构已经广泛渗入的地区,例如我们在这里讨论的南岭山地。这个地区虽然也存在国家体系持续面对挑战的空间,也存在从没有中断的逃离国家的政治选择,但如果我们不是把南岭山地的国家存在只理解为一般意义上的政治统治体制,而更多把国家存在看成是一个多层的权力和文化体系,那么可以认为,南岭地区长期以来一直是在国家体系下创造自身的历史与文化的。

毫无疑问,南岭在空间上不在 Scott 所圈划的 Zomia 范围,但其山岭与 Zomia 地区直接相连接,是中国西南山地向东延伸出来的一条"陆梁"(借用辛德勇的说法)。不过,这片山地的人群,与 Zomia 地区的人群有非常紧密的联系,民族语言学家把岭南地区土著的语言归入苗瑶语系或壮侗语系,尤其是在南岭山地中的瑶人,一般认为属于广泛分布在 Zomia 区域中的勉语人群。然而,与 Zomia 地区最明显的不同,是这个区域从秦汉以后一直在中国历代王朝设立州县直接管治之下。

前面讲到的南岭在地理上同时兼具"天地所以隔外内"与"为百粤数千里咽喉"的双重角色，使其在中国的王朝国家体系中具有重要的位置。在这个意义上，南岭也许是一个可与 Zomia 比较，并由此推进关于山地社会与国家扩张历史认识的理论建构的一个实验场。南岭山地中人群的生存情况和国家存在状态，乍看起来有很多与 Zomia 相类似的现象，南岭及其周边连绵的崇山峻岭，在相当漫长的历史时期，也是大量如 Scott 所见的选择"不被统治"的人群逃离国家的藏身之地。王阳明曾经描述这片山地"政教不及，人迹罕到"。明代嘉靖《韶州府志》说这里的"山谷之民，至今有老死而不见官府者，大抵土旷民稀，流移杂处"。① 明代江西巡抚陈有年描述粤东北与赣南之间的山地人群时说："广东惠州之和平、龙川、兴宁，与潮州之程乡、平远，与赣州定南、龙南、长宁诸邑，犬牙相入其间，皆旧巢遗种，习染未除，平居负山阻峒，骄悍自恣，一有罪愆，官司绳之稍急，则呼叫踯躅而起。"② 类似的记载，在明清时期

---

① 嘉靖《韶州府志》卷1《风俗》，《广东历代方志集成·韶州府部一》，岭南美术出版社，2007，第 15~16 页。
② 陈有年：《邻境宿寇荡平议处地方善后事宜疏》，《陈恭介公文集》卷4《奏疏》，《续修四库全书·1352·集部》，上海古籍出版社，1995，第678页。

的文献中俯拾皆是。这些文献中所指的"旧巢遗种"和"流移杂处"两类人，用现代的语言来表述，大致可以简单理解为当地的"土著"和外来的移民，这些人相对于作为王朝编户的"民"来说，可以认为不在王朝国家直接统治之下。然而，如果只是简单地将南岭山地的人群视为逃离国家统治的人，潜在地隐含着南岭历史的解释只是围绕在"逃离"与"加入"国家，或国家"退出"与"扩张"的循环中兜转。这样一个反复拉锯过程的事实，虽然是我们研究中不可避免要面对的议题，但只在这个议题中纠缠，就可能限制我们对南岭山地社会的认识，而我们对山地区域动态过程的研究也难以在更宏观的层次上对中国历史进程的解释作出贡献。

### 三 南岭山地的人群

历史文献中关于南岭山地的人群的指称，无论是"旧巢遗种"还是"流移杂处"，最习见的是与"盗""贼""寇"这类概念相提并论，南岭因此历来被视为盗贼渊薮。这些盗贼的构成，用明嘉靖年间谈恺纂《虔台续志》中的说法，是"瑶僮淆焉，渔疍伏焉，逋亡集焉，盗所由出也"。在这里，我们看到当时的国家官员标签和定义异己时习用的两种话语，"瑶僮""渔疍"属于人群和文化分类的话语，"逋亡"与"盗寇"则属于王朝国家政治范畴的话语。在官员们书写的文件中，所谓"旧巢遗种"是在前一种话语下使用的概念，所谓"流移杂处"的人群则是在后一种话语下使用的概念。这两种概念在明清文献中，几乎理所当然地与"盗贼"相提并论，而"盗贼"之名，更鲜明地是一种基于王朝统治的合法性与道德价值的话语。从这几套概念的交错叠用的文字记录和历史记忆出发，可以是理解和解释这个区域历史文化过程的一个切入点。在中国文人的观念和表述中，惯用族类的概念来区分和标签在文化上和身份上不属于王朝编户（即所谓的"民"）的人群，用汉字书写的文献都把南岭以及岭南地区的人统称为"蛮"，并分别用多种族类名称来标识之，这些名称主要有"瑶""僮""僚""俚""蜑""俍""岐"等等。按比较通行的说法，现广泛分布在南岭地区的"瑶"，是原居湖广溪峒间的蛮夷，后逾岭而居溪峒；其他诸蛮则是旧越人诸种。① 不过，这些族类名称，并非这些人群的自称，而是古代外来读书人用来指认当地土著的他称，每一种名称也没有精严的定义，同一名称所指的可能是不同的人群，同一人群也可能用不同的族称。当代的学者若拘泥于把

---

① 参见（嘉靖）黄佐《广东通志》卷67《外志四·夷情中·瑶僮》，《广东历代方志集成·省部四》，第1759~1771页。

这些族称与现代民族识别划定的民族分类等同起来，甚至沿袭过去的读书人和统治者的话语，把使用文字的人贴在不使用文字的人身上的这些分类的标签，认作有不同文化本质的人群的分类，即使提出看似纷纭的解说，仍不免胶柱鼓瑟。

如果我们不是执着于这些标签的种族属性和文化本质，而是着眼于这些标签在操控汉字书写的读书人观念中的文化和社会意涵的话，就可能发现，文献中出现的族群名称的差异，隐含着南岭及岭南地区"土著"人群与王朝国家关系的微妙改变。南岭山地的"土著"，早期的文件中多称"僚"与"俚"，清代以后则渐渐少见，以致消失。对南岭的瑶族有深入研究的李默先生在讨论广东的瑶族源流时曾经提出，瑶族中包括了古代广东的"俚僚"。他列举了大量文献，显示出宋代以前的文献用"俚僚"指称的"岭南原民"（李默先生用语），明清之后逐渐多用"瑶僮"之名，他把这个变化称为"瑶化"。① 虽然他的讨论关注的仍然是族属和族类源流变化的问题，但从他的揭示的事实看到的这个"瑶化"过程，与其说是一个族群融合衍变更替的过程，不如说

---

① 李默：《广东瑶族与百越族（俚僚）的关系》，《中南民族学院学报》1986年增刊，第115~125页。

天地所以隔外内 // 077

是一个在文献书写上呈现的"瑶化"过程。这个过程所表达的，是王朝国家对本地土著族群的观感和认知变化，这种变化反映出国家政治控制和文化扩张、"土著"人群的身份与角色的演变以及相关的社会变迁的历史。在文字书写上以"瑶""僮""疍"的名称取代"俚僚"来指称本地的人群，既不属于国家编户的"民"，又与古代的"俚、僚"有所区别，他们在文化上可能仍属化外，但在身份上已纳入王朝统治的秩序之内。因此，如果只囿于从"逃离"还是"进入"国家的二分法来分析南岭山地的人群，是不足以由族群标签与身份的改变去解读这个区域的社会过程的。

明清时期文献中所见南岭山地中在州县编户之外的人群，主体是分布在山岭溪峒中的瑶人。关于这些瑶人的文化与社会，崇祯《博罗县志》有这样一段简要的描述："椎结跣足，随山领处，刀耕火种，采实猎毛，食尽一山则他徙，粤人以山林中结竹木障覆居息为峯，故称瑶所止曰峯。自信为狗王后，家有画像，犬首人服，岁时祝祭。其姓为盘蓝雷钟，苟自相婚姻，土人与邻者亦不与通婚。瑶有长、有丁，国初设抚瑶土官领之，俾略输山赋，赋论刀为准，羁縻而已。今瑶官多纳授，从他邑来兼摄，亦不常置。"这段描述的后半段清楚地显示出瑶人并不是在国家之外的，但前半段所讲的瑶人生存状态，也会令我们联想到 Scott 所谓的"逃跑农业"（escape agriculture）和"逃跑社会结构"（escape social structure）。这些居住在溪峒之中的过山瑶，在过去也多依赖打猎和采集块根植物为主要食物来源，即所谓的"采实猎毛"。用我们在南岭山地调查时听到当地瑶人的说法：他们过去是靠着一把锄头挖蕨根为食，在山岭间不断地迁移。他们每到一个山头，都是用一把锄头，挖蕨根作食物为生，"食尽一山则他徙"，一地的蕨根挖完了，就到另一个山岭去，仍然是挖蕨根为生，一代一代在不同的山岭上流动。这种不断迁居的生存方式决定了他们的家庭形式，现在七八十岁一代的瑶人，能够追溯的祖先一般不会超过三代，加上过山瑶的双系继嗣的亲属制度，令到他们不太可能形成超出家庭规模的继嗣群体组织。因此，过山瑶的社会基本上是一种家屋社会，以核心家庭为基础，没有形成基于血缘继嗣分支的家族组织。

然而，在文献上"瑶僮"的名称逐渐取代"俚僚"的名称，隐含着这些人群同国家发生关系的转变。李默先生考辨瑶名时除确认"瑶"是他称外，更指出"瑶"这个名称有特定的含义。他用宋明时期的资料阐发宋人周去非《岭外代答》中谓"瑶人者，言其执徭役于中国也"一语。他认为宋代曾下令在岭南招土人营田，"俚僚营田而为瑶"；元代则营田屯戍之蛮僚为瑶人；明代有瑶兵制，岭南俚僚之裔又化为瑶，因此嘉庆《广西通志》释"瑶"谓："瑶者，徭也。粤右土著，先时就抚，籍其户口，以充徭役，故曰瑶。"① 由此可见，"瑶"的名称在汉字书写的语境下其实是一个同王朝国家体制相联系的符号。从这个解释出发，我们可以说，南方的蛮夷在宋明以后多以"瑶"称，也就是所谓的"瑶化"，其实是南岭溪峒之人（俚僚）被拉入王朝统治下的国家体系的过程。

这一看法，看起来与惯常的认识相背。一些文献记载提到瑶人时，常有"不事赋役""免其徭役"的说法，以至于一般都相信"瑶"之名来自"莫徭"之意。但其实，只有已经处在王朝统治体系之中，"免其徭役"才是一种有意义的优待。而且瑶人得此优待，是以其承担其他义务为条件的，如充当峒丁瑶兵、承种瑶田、贡纳方物等。明代瑶人中"有力者从藩司纳银若干，给劄为瑶官，诸瑶听其约束"，也是瑶人在国家体系中的一种方式。② 更值得一提的是，在南岭地区，很多自称是汉人

---

① 李默：《韶州瑶人：粤北瑶族社会发展跟踪调查》，中山大学出版社，2004，第49~54页。
② 王临亨：《粤剑编》卷2《志风土》，《博贤编》《粤剑编》《原李耳载》合刊本，第76页。

的外来者为获得合法的土地所有权，获得合法的编户身份和定居权利，常常都会用顶承瑶田瑶粮的方式作为门径。很显然，把被称为"瑶"的人群简单视为"不被统治"的人群，是不能解释这个族群与王朝国家的复杂关系的，也容易导致对山地瑶人社会的误解。在这个意义上，南岭这样的山地区域与 Scott 所描述的 Zomia 地区，在性质上有根本的区别。

与 Scott 关于 Zomia 的讨论中揭示的情况相似，南岭山地中的确有相当大量的人是从国家统治体系中逃出来的。明清时期的文献很清楚记载，在山地中那些被称为"瑶"的人，也有相当大的数量是从州县编户中逃离出来的。在相当长的历史时期，南岭山地，历来都是逃离国家的人藏匿之区，"外为流寇窃入之门，而内为穷寇遁逃之路"[①]。这些逃进山中脱离政府直接管治的人，在官员和文人的笔下，常常被认作"蛮"。元代的时候，有云："广东一道，为海上雄藩。南距海，北抵庾岭，东接闽，西连雷化，地方数千里，户口数十万，瑶僚半之。近年以来，民化瑶僚之俗者又半，视礼乐者为迂阔，弄刀兵如儿嬉。苟抚字无方，则啸山林，泛江海，

---

① 陈有年：《邻境宿寇荡平议处地方善后事宜疏》，《陈恭介公文集》卷4《奏疏》，《续修四库全书·1352·集部》，第682页。

相胥起而为盗。"① 到明清时期,如清人吴震方《岭南杂记》所说:"明通志凡山寇皆谓之僚,盖山寇亡命乌合,未必种传,无从究考。"清初屈大均也非常明白地指出,瑶人中,"其非盘姓者,初本汉人,以避赋役,潜窜其中,习与性成,遂为真傜"。在这个意义上,宋明以后南岭山地中的所谓"瑶化",除了古代"俚僚"转变为"瑶"之外,还有另一个意义,就是原来的州县编户逃避州县赋役,逃入山中成为"瑶"。在官方眼中和士人的笔下,贴上"瑶""僚""畲""疍"这类标签的南岭山地的人群,大量是本地和周边地区逃脱州县编户身份的人。可以说,在文字记录中使用的"瑶疍"一类名称,包含了"流移""逋逃"的意义,从王朝国家的角度看,他们的"无籍"身份,自然也是一种逃离。在南岭山地中的"旧巢遗种"与"流移杂处"纠杂在一起,构成了一种逃离国家的状态。

不过,南岭山地人群这种逃离国家的行为,在王朝国家的统治格局下形成独特的政治形式和社会状态。自秦军分五路通过南岭进入岭南地区之后,历代王朝一直在这个地区设立州县实施直接的统治。我们在前面指出

---

① 刘鹗:《惟实集》卷3《广东宣慰司同知德政碑》,《景印文渊阁四库全书》,第1206册,台北:台湾商务印书馆,1986,第310页。

过,南岭既是中国南北相隔的天然屏障,同时又是中国通往南海的孔道。这样一种特殊的地理角色,令到历代王朝一直非常重视控制这个地区,延续了两千多年的直接统治。但是,直到明代中期以前,中央王朝在南岭地区设立的州县治所,大多是在交通要道上的河谷盆地,稀疏地成点状形态分布,州县的行政辖区非常辽阔,山岭之间的相当广大地区,包括许许多多的河谷盆地在内,大部分实际上长期是"政教不及"之地。元代时官拜江西行省参政、征讨南岭峒僚被执身亡的刘鹗曾这样描述南岭中的人群:"五岭,大庾其一也,岭之南九十里为南雄府治在焉。群山环揖,两江合流,居民繁夥,真壮郡也。属邑惟保昌、始兴负郭,始兴去城百二十里而远,僻在万山间,与韶之翁源,赣之龙南、信丰相接,溪峒险恶,草木茂密,又与他郡不侔。故其人为僚,暴如虎狼,至如寻常,百姓渐摩薰染,亦复狼子野心,不可以仁义化也。"① 在这种政区格局下,南岭地区州县辖属的编户人数是非常稀少的,大部分人口都不隶州县管治。明代嘉靖年间广东布政司辖下南岭地区15个州县在籍户数一共只有3.5万多户,其中最极端的例

---

① 刘鹗:《惟实集》卷2《南雄府判琐达卿平寇诗序》,《景印文渊阁四库全书》,第1206册,第305~306页。

子如大庾岭南麓的南雄府保昌始兴两县在嘉靖二十一年最低时只有502户。然而，身份上不是国家编户是否就意味着他们处于王朝国家统治之外，是否意味着他们有独立的社会系统呢？这牵涉更多很复杂的问题，也许正是我们在未来的南岭研究中继续努力探讨的问题。

这里可以顺着这个话题简单直接提出的问题是，这些人群在南岭山地中以什么为生；他们的生计和生存空间是怎样一种结构；他们的生活方式形成了一些怎样的社会结构？这是我们了解南岭社会的基本问题。虽然在官方文献的笔下，南岭中的人群大多为盗寇山贼，似乎主要以劫掠为生，但实际上，我很难想象在这么大片的山地中的大部分人口可以长期靠劫掠为生。在文献记载和实地考察中，我们都可以看到，南岭山地其实是一片资源丰富、物产繁盛的土地。南岭山地中不仅有非常多水源丰富，土地肥沃的被称为"洞"的小盆地或山溪谷地，而且还有很多小的丘陵台地，可以开垦为水田和梯田，在这样的生态条件下，农业耕作在南岭山地中也是主要的生计模式。在这种农耕经济的体系中，土地的权利和经营方式，都是我们在认识山地社会时不可忽视的。除了农耕之外，南岭山地矿产资源十分丰富，明代以后，这里的矿冶开采吸纳了大量的流移人口聚集。例如在赣粤交界的长宁县，"原为旧巢新抚之区，铁冶鼓铸，动集万计，往往夜聚晓散，椎埋为奸。"① 除了矿山聚集大量人口之外，南岭作为"独以横截南北，为百粤数千里咽喉"之区，穿越南岭的商路上日夜络绎不绝的货物运输，也吸纳聚集了千千万万的流移人口。例如"负山阻险，逋逃攸萃"② 的和平县，地处南岭山地深处，但因在江广之交，"计有明建治垂百余年，文物日盛，货殖日多，熙攘日众，久以成为大道"。"上下往来，无论鱼盐茶油，与一切杂货，争由是路。且番舶洋货以及山珍海错，无不出乎其途。"于是，和平县的人口"半借肩挑糊口，养活几万余家，全赖过客生活"。总之，大量人口聚集到南岭山地，虽然在官员们看来，是"招致四方无籍，隐匿远近妖邪"，但"避役逃民并百工技艺游食之人杂处于内"的最主要动力和契机，是南岭山地的开发，包括山地的垦殖、矿冶以及商业贸易的繁盛，构成一种巨大的吸纳空间能力，把千千万万的外来流移人口拉进南岭山区。因此，我们在南岭山区看到的从王朝国家直接管治的体制逃离出来的人群，其实是生活在一个更大的经济体系之中，在结构上仍然是在

---

① 陈有年：《邻境宿寇荡平议处地方善后事宜疏》，《陈恭介公文集》卷4《奏疏》，《续修四库全书·1352·集部》，第679页。
② 周维东：《洪公祠碑记》、朱超玟：《重建九子岗茶亭记》，乾隆《和平县志》卷8《艺文》，《广东历代方志集成·惠州府部十九》，第318、336页。

国家体系之内，是王朝国家整体性的经济与社会体系的组成部分。

此外，对岭南山地人群的社会组织、信仰、仪式、婚姻以及亲属制度的研究，更可以令我们看到，这个地区在文化上与更大的文化系统之间长久的整合过程及机制。例如，我们前面已经提过的文字传统的深度影响、仪式专家的传统、客家语的普及等等，都体现出对这个地区及其人群的社会与文化的理解不可能脱离大的文化系统。南岭山地的历史运动，一定要走出逃离还是拉入国家的循环，放到一个更宏大的场景和更复杂的脉络下去认识。观棋之人拉拉杂杂发了一番议论，只要不动手动脚去搅局，其实是无关紧要的。棋怎么下，下出什么名堂来，还是静观棋局的进展吧！我们的南岭历史研究才刚开始，一群年青学者已经做出了可观的成绩。这篇所谓的"序"，只不过是大戏开始前的一轮锣钹鼓乐而已，待大幕拉开，剧情将会一场比一场精彩，丽情迷人，笃思萦怀的人们，就会把序场的铙鼓嘲轰遗忘。这是我的期待。

2015 年 9 月 28 日搁笔于台大宿舍

# 民间会社与齐民社会的转型*

  品优的书稿早早就发了给我,嘱我写一些话在前面,我迟迟写不出来,一则当然是我慵懒成习,笔拙手慢,不过更困难的,是这个研究关涉中国历史上的重大问题,我虽然有一些想法,有一些话要说,但毕竟研究不深,识见太浅,再加上眼高手低,心存畏惧,无从下笔。然而品优不舍不弃,一再诚意相邀,甚至不惜延搁付梓等待,盛情难却,只好勉为其难,写一点读后感想,发一点妄思浅见。

  宾兴会是清代中后期出现的以资助本地士子科举考试的名义组成的会社组织。这一组织由本来属于地方人士的结社,到清末发展成为半官方性质的地方政治组织,到民国有些甚至成为地方政府的构成部分,其历史演变及与既有的国家体制之间的关系,是非常引人入胜

---

\* 本文系为《科举会社、州县官绅与区域社会——清代民国江西宾兴会的社会史研究》(中国社会科学出版社,2018)所作序言。

的问题。本书以属现代范畴的"社会"为立意之标，以属传统范畴的"会社"为射柳之的，从中可能得出的认识和可能引出的讨论，实为解读近世中国历史转变之一大关键。

"社会"一词，今日一般都在经由日文借用转译外来之society的意义上使用，而中国传统的"社会"，本是"社"和"会"的合称，也可称为"会社"（为免文字表达上的混淆，本文用"会社"指中国原本意义上的"社会"），则是指以某种目的和形式聚集之团体。"社"之本义，为土地神主；以土地神主祭祀为中心形成的团体为社，而社之组织为国家构造最基本的形式。《礼记·祭法》云："王为群姓立社，曰大社。王自为立社，曰王社。诸侯为百姓立社，曰国社。诸侯自为立社，曰侯社。大夫以下，成群立社曰置社。"至于"会"的本义，是聚合，众人聚合在一起谓之会，即《礼记·乐记》所云："竹声滥，滥以立会，会以聚众。"因此，中国传统有的所谓会社，指的是在特定的空间范围内聚集起来的人群组织。这样的组织是在特定的国家架构下成立的，如汉代以前的书社，就是"古者二十五家为里，里则各立社，则书社者，书其社之人名于籍"。[1] 这是王

---

[1] 《史记·孔子世家》唐·司马贞索隐语。

朝国家通过户籍登记编制臣民的组织。

这种由王朝编户构成的社会，我称之为"齐民社会"，与由"公民"或"国民"构成的社会有性质完全不同的秩序模式和权责关系。"齐民"的"齐"，在字面上是齐整的意思，因此，"齐民"的本义，就是"齐等无有贵贱"的人。① 但是，这个"齐等"，不是基于个人具有独立人格的平等，因为"齐民"的身份是以其身为王朝国家"编户"为前提的。《汉书·高帝纪》颜师古注曰："编户者，言列次名籍也。"所谓编户，就是被王朝国家编制起来，登记在户籍册里，按一定的组织形式编入一个层级化的国家管理体系，承担为君主国家提供人力物力资源义务的人户，而这种义务，在传统国家观念上，就是齐民应该守的"分"。正如明代初年，朱元璋命户部榜谕两浙江西之民所言："为吾民者当知其分，田赋力役出以供上者，乃其分也。"② 不安此分的人，是不可以聚集为群的，荀子认为，"人之生不能无群，群而无分则争，争则乱，乱则穷矣。故无分者，人之大害也；有分者，天下之本利也；而人君者，所以管分之枢要也"。③ 这是"齐民社会"构成的一个基本原

---

① 《史记》卷30，《平准书》"集解"。
② 《明太祖高皇帝实录》卷150。
③ 《荀子·王制》。

理。根据这个基本的原理，社会中的人是要安分才能守己，安分守己是组成群体的根本要求。

这样一种"齐民社会"，具有国家与社会同构的特质，君主制的王权正统，资源控制和政治运作，都通过户籍制度的"编户"系统存在和实现，而齐民社会则以同一个编户系统将国家内化于其中，维持这个结构的机制，是一套正统化的礼仪秩序。这样一种"齐民社会"的构造，一方面令到民间组织起来的"会社"，总以被纳入国家架构，成为王朝统治秩序基础的一部分为根据；另一方面也决定了在国家秩序之外以私人结合起来的团体（会社）缺乏必然的合法性基础。换句话说，在法理逻辑上，民间结社在王朝国家和"齐民社会"的架构下，本来是没有合法性的，因此，历史上的民间结社，常常被视为是对国家权力和秩序的挑战，禁止乃至打击民间（包括士人）结社的禁令在历代王朝都屡见不鲜。

在传统中国，具有合法性的社会组织，由从省府州县到乡都里社的这样一种行政体系构成，州县以下的所谓基层社会组织，同时就是国家构成的部分。有学者把州县以上的行政层级，与乡都里社层级区分开来，划为两个分别属于国家和社会的范畴，也有些研究者认为乡都里社存在一个从国家体系脱离开来的"社会化"趋势。这些认识，我认为是对中国传统社会结构缺乏深刻了解的误见。这样的误见，也许是从经历了宋明以后的社会转变之后形成的近世中国社会的一些表象衍生出来的。明代以后，随着国家规模和贡赋体系运作的种种改变，君主国家直接控制编户齐民的方式和机制也慢慢发生了变化，贡赋体系的运作越来越依赖市场和货币手段，过去那种由编户直接承担人力物力供应的关系，逐渐转变为由编户按财产缴纳比例货币赋税，从而改变了户籍的构造和编户的性质，令国家力量的直接控制趋于松解，这种松解造就了地方社会"自治化"的倾向。

近年来许多学者的研究已经揭示出，这样一种改变，依赖着几个方面的制度转型和文化演变，一是作为王朝统治基础和齐民社会支撑的户籍制度的变质；二是一系列文化议程的改变，特别是礼仪秩序下移和科举普及提供了新的更广泛的合法性空间；三是在城乡社会广泛发生的地方社会自治化的进程；四是相对独立的地方财政体制的形成。这些新的变化，创造出一种空间，令到看起来与国家权力脱钩（甚至对立）的社会力量成长起来，民间社会的"自治化"产生出许多相当自主的社会组织的混合体，出现了碎片化和网状化的社会控制模式。在这种变化之下，"网状社会"在16世纪以后的中国很快地成长起来，尤其是到19世纪，民间以宗教信仰、神明祭祀、祖先崇拜、地缘认同、行业合作、货币信用等等文化和经济因素为组织机制的，形形色色的社会组织发展起来。到19世纪末20世纪初，这些社会组织和机制的社会控制角色和能力，甚至呈现超越国家权力的势头。有人以"强社会－弱国家"来描述这个趋势，虽然过于简单化，但也不无一定道理。

但与此同时，随着国家文化意识向基层社会的渗透，国家在文化上的大一统力量进一步增强，国家礼仪秩序和规范向基层社会的下移，在更为稳固的基础上延续着君主制国家与齐民社会的同构性。看起来在国家权力架构之外发展出来的社会因素，仍然是以国家意识形态和礼仪秩序为结构性的支撑基础。

在这种情势下，那些形式上在国家基层行政组织架构之外大量出现的民间会社组织，其合法性的获得，至少是由以下几个条件支撑的：一是成为国家制度运行的辅助环节，例如助成赋税征收的钱粮会等民间税收组织；二是在文化价值上与官方正统的政治理念相一致，例如各种各样名目的书院；三是承担更多的国家期待的社会控制职能，例如清代各地大量出现的慈善社团。民间通过满足其中一个或同时满足三个条件，获得了所谓的国家"授权"。我们熟悉的宗族，就是一种典型。宗族由曾经被国家视为威胁和挑战国家权力的一种民间结社，到逐渐被国家默认甚至鼓励发展成为基层社会一种常见的组织的转变，就是在这三方面的条件都越来越成熟的情况下发生的。还有许许多多的民间会社，也存在从被国家禁止到被国家认可的转变，或者一直在非法与合法之间摆动，也都取决于这些条件具备或者成熟的程度。在这个尺度上看，宾兴会以及地方组织化的明伦堂之类以科举考试需要的名义产生出来的地方结社，因为最能符合这些条件从而也就成为最具备合法性的组织之一。16世纪以后的王朝国家转型和民间社会自治化过程，由于这些条件的作用，令到齐民社会的构造得以在新的形态下延续。

到清代末年，随着新式教育的兴起，尤其是科举制的废除，在"强社会"发展中维系国家架构的意识形态和权力机制发生了根本性的动摇，特别是经历了共和革命之后，维系传统中国君主国家与齐民社会同构的政治和礼仪制度废除了，似乎"齐民社会"的基本骨架，应该从此垮塌。然而，这样一种可能的社会转型走势，随着国民革命和党国体制的形成发生逆转，在新的国家－社会结构下，国家意识形态、法律和礼仪秩序以及国民经济体制不能很快地重构并完善起来，无论是传统的国家－社会同构，或"强国家－弱社会"或"强国家－强社会"结构的递嬗，都不可能在短时间内成形，"齐民社会"在旧秩序解体和新秩序难产的历史处境下延续着，由此引起了20世纪中国历史发展和社会转型在急剧革新与陷入困境的交替中行进，民间结社与现代国家缔造过程的关系，变得更为扑朔迷离，更为复杂曲折了。

这样一个历史转变过程以及这个进程中形成的国家与社会结构的研究，需要历史学者通过大量的实证研究和立足于中国社会历史经验的理论思考，去建立超越既有的一般社会理论的解释。本书对江西宾兴会的研究，对于这种对中国近世重大历史转变的关怀，无疑提供了许多非常有价值的事实，将这些事实置于本地社会变迁的总体过程去认识、去思考，又可以令我们避开简单地想当然地做理论推理的陷阱。随着研究的积累和深化，我们对近代中国的国家和社会转变历史的理论关怀和思考，就能够在更脚踏实地的研究中获得新知。这是我对杨品优这项研究学术价值的一点认识。

2017年7月31日

# 从族谱叙事中发现历史 *

在中国社会史研究中，宗族（或家族）恐怕是研究明清乡村时最不能绕开的话题。研究一个地方乃至一个乡村，如果不讨论宗族问题，都常常会受到质疑。很多研究论著，或者直接就以宗族作为乡村社会研究的主题，从宗族入手展开，或者视宗族为社会基层组织最常见的形式，甚至把宗族作为社会行为的主体或基本单元。研究者对宗族问题的重视和关注，很大程度上是基于一种直接的观察与感受，人们进入（无论是亲临现场的进入还是借助阅读的进入）乡村时，最吸引目光并留下深刻印象的，是种种宗族的象征和符号——在乡村中，最引人瞩目的美轮美奂的建筑往往是宗祠家庙；村中的人群常常会以姓氏或房派来分类，尤其在不同群体发生冲突时，姓氏常常是一个重要的符号；各种节庆或

---

\* 本文是为黄挺《16世纪以来潮汕的宗族与社会》（暨南大学出版社，2015）写的序。

人生礼仪的仪式安排，也处处可见家族群体的存在；乡村中的历史记忆最普遍的传续方式，是关于祖先和世系的叙述；乡村历史文献最常见的种类，也是家族的谱牒。虽然并非所有的地方，所有的乡村，都存在宗族或其符号象征，也有学者曾指出，在中国很多地区，特别是北方的乡村，宗族的存在并不是普遍的现象，或者乡村中并非一定以宗族为基本社会组织形式，但研究者还是相信宗族是近世中国乡村最为普遍也最具本质性的社会组织形态。虽然以往有关宗族研究已经有很多非常深入的经典性成果，但近年来，以宗族为对象的研究热情不但没有冷却的迹象，宗族似乎越来越成为理解中国乡村社会研究的核心范畴或讨论对象。

黄挺教授这本新作，以《宗族与社会》为题，讲述了多个在潮汕地区的宗族故事。书中讲述的故事，看起来与许许多多研究者在其他地区能够找到的宗族故事大同小异，但黄挺教授讲述这些故事的眼光、视角、叙述和分析，呈现出这些故事与近年来许多同样利用族谱文献讲述的宗族历史有不同的旨趣，读着这本以宗族研究为主题的著作，引起我对近年来在所谓"宗族"研究上一些令人忧虑的动向萌出一点省思。

时下很多年青学者从事中国乡村社会史的研究越来越热衷于走进乡村，在乡间收集各种地方文献资料。大家在乡村里最常见到,也可能是最有系统记录乡村历史的文献,大概要数乡民们手中保存的家谱族谱了。由于家谱记录的宗族历史一般都能够比较连贯地呈现乡村的历史脉络,随着家谱越来越多被学者用作构建乡村历史的主要文献资源,在一些学者的研究中建立的明清以来的乡村社会历史叙述,越来越多以宗族为基本的社会单元;宗族从一个始祖繁衍到众多子孙的继嗣、整合与分化历程,俨然成为近世中国乡村变迁的基本线索。这个趋势,我们不妨称之为中国乡村社会历史叙述的宗族化倾向。在这种宗族化叙述的历史中,对宗族的理解,往往把宗族视为一种不言而喻的血缘群体,这种血缘群体的构成是基于生育行为形成的继嗣谱系,宗族成员之间的关系,常常是由系谱关系出发确定的。研究者到一个乡村,最惯常首先提出并努力弄清的问题,往往是,村里有几个姓,各姓有哪些房,某人属哪房;村民们对这样一套语言也非常熟悉,常常用族姓和房份来说明人群的分类和彼此关系。随着有关宗族的论述在学术研究中越来越普及,久而久之,乡村社会由宗族组成,几乎成为人们理解中国乡村社会的一种固定的模式。在这样一种认知模式下,某姓某族,常常成为乡村历史中的一种最基本的行为和权利主体,同一祖先的子孙组成的血缘群体,常常被理解为乡村社会中毋庸置疑的天生的基本社会组织。

　　这样一种似乎有越来越固定的乡村历史认识的形成，自然是大量传世并源源不断被学者们从乡村中搜获的家谱族谱的叙事方式制造的社会图景，直接印入人们的脑中；不过在深层次上，则是由基于近代以来关于中国社会进化的固有理解主导下的认识。中国的学界自从接受用近代社会科学的眼光去认识社会开始，就认定中国社会为一个宗法社会。严复译英国甄克思《社会通诠》，把 patriarchal society 译为"宗法社会"，将此列为社会进化（严复所谓的"民群演进"）之第二阶段，并认定中国社会为"固宗法之社会，而渐入于军国者，综而核之，宗法居其七，而军国居其三"。[①] 虽然严复当时还有点审慎地说他只是"姑存此说于此"，是否得当还有待后人扬榷，但后来学界深受他的译述影响，越来越认可这种说法。此后一百年来，尽管"宗法社会"的意涵在不同研究者笔下异说纷纭，但显然一直是在严复在翻译《社会通诠》时把人类社会中的"父权""血统""世系""部族""亲族"等意义糅合到从古代国家制度借用过来的"宗法"概念下展开的。在"宗法社会"的范畴下，"宗亲""宗族""家族"一类的范畴，都可以

---

① 《社会通诠》，上海商务印书馆，1913，第19页。

简单定义为同一祖先下的子孙组成的人群,其中的成员资格、权利分配、权力结构均由其男系血缘关系来界定,成为组成社会的基本单位,而这种"宗法社会"的组成及其运作机制,也就俨然成为中国社会研究的永恒主题。

虽然"宗法社会"的标签如此牢固地贴在中国社会之上,但前辈学者自己置身于这个社会之中,他们对当时的社会现状有亲身的体验和理解;同时,他们对古代中国的宗法制度也有相当深入的认识,直接的生活经验让他们没有困难地明白,近世中国的社会制度与古代的"宗法制度"并不是一回事。严复在标签中国社会为宗法社会的同时,也清楚区分了先秦与秦以后社会的不同,讲到秦以后的社会,只是用"俨然宗法"的说法而已,并以三七分的表达方式来形容其不是真正的宗法社会。值得注意的是,梁启超在《中国文化史》中用了一章来叙述中国的宗法制度和家庭制度,但并没有将他在自己家乡所见的与宗族相关的建制系于其中,而是系于《乡治》一章。吕思勉在早年撰写的《中国宗族制度小史》开篇即明确指出世人以为"集人而成家,集家而成国,集国而成天下"是"无征不信之言"。他认为,在古代中国,"宗法盖仅贵族有之?以贵族食于人,可以聚族而居,平民食人,必逐田亩散处;贵族治人,其团结不容涣散,平民治于人,无所谓团结也……其位愈尊，所追愈远，即可见平民于统系不甚了了，于统系不甚了了，自无所谓宗法矣"。① 吕先生在这本小书中，用了很多篇幅从多个方面讨论了宗法制度不可能在后世社会延续的缘由，指出"所谓宗与族者，遂有其名而亡其实也"。从吕思勉先生的讨论，我们可以明白宗族并非中国社会构成的基本构造，更不是几千年来一直延续着的社会组织。宋明理学家们在大力提倡复明宗法的很多讨论也清楚揭示了这个事实。

然而，宗族的观念的确在近世中国是一种普遍的存在，作为一种普遍化的社会事实，许多乡村也都修建了作为宗族象征的祠堂，尤其在东南各省，宗族祠堂几乎遍见于所有的乡村，家谱族谱更是近世中国最为普及的一种乡村文献。即使在一些乡村中不存在实体性的宗族组织，也不一定有家庙祠堂一类宗族的象征和建置，人们还普遍相信宗族是一种不言而喻的群体形式。这样一种事实，令到宗族成为今天学者研究中国乡村社会时无可回避的一个主题；而宗族以血缘继嗣的系谱作为表达现实的群体关系及其秩序的话语，也令很多研究者相信宗族就是一种以血缘和继嗣为基础自然形成的实体性群体组织，从而将由生育行为衍生出来的继嗣关系作为社

---

① 吕诚之：《中国宗族制度小史》，中山书局，1929，第1~19页。

会组织的本质化结构；宗族被理解为一种先在的无须证明的社会存在，并由此引出了种种关于中国社会的基于血缘和亲情关系的伦理道德取向的解读。

宗法社会的幻象化和宗族语言的本体化，看似是两个相互矛盾的方向，却只不过是同一历史过程的两个面相。这一个事实可以放在宋明以后中国社会历史变迁背景下，从宋明理学家的理论建构和社会实践来解释，并在此基础上认识近世中国社会变迁的基本脉络。宋明理学家把传统中国的亲属制度和祖先崇拜转换为古代宗法制的话语，通过声称于祖先祭祀中寓立宗之意，实际是将敬宗转换为尊祖，把宗法制度的原则置换为亲属制度下的祖先祭祀规则，从而不仅合理化了古代宗法制转换为近世宗族制的理论逻辑，更开启了将宗法制由贵族社会的制度扩延为庶民社会的制度的门径。基于这样一种转换，近世中国社会中的宗族，实际上并不是古代宗法制度的延续，而是以祖先崇拜与祭祀维系的父系亲属继嗣系统。由祖先崇拜的观念以及在此基础上形成的祖先祭祀礼仪，如何能够在不断分化的近世社会中，构成一套社会整合的语言，制造出宗族社会这样一种现实，是摆在中国社会历史的研究者面前的一大课题。莫里斯·弗里德曼半个世纪前关于中国东南地区宗族的研究，已经奠定了这一研究的分析视角和理论基础；而科大卫在珠江三角洲的研究，更细致地呈现了宋明理学的这套语言如何在地方社会的政治经济变迁中运用，并且在地方历史的场景下被再创造的历史过程，建立了一个关于中国近世宗族社会的解释模型。

大概由于通行的看法把中国人的社会视为一个宗族宗法社会，莫里斯·弗里德曼曾经敏锐地指出华南地区宗族的历史并不能前溯到当地汉人社会的历史起点，由此质疑把宗族视为汉人社会的本质化制度的习见，在此前提下引出一个从社会科学出发的问题，就是宗族如何在特定的社会机制下建构并成为汉人社会的一种政治制度。他说："问题是我们在当代所认识的宗族的体系为何不能在概念上追溯到与该地区汉人定居的同一历史深度……我们将考察的是书写的族谱对于宗族的发展和结构的意义，并构成宗族发展及其结构的宪章。"① 黄挺教授这本书中讨论潮汕地区16世纪宗族文化建构的若干家族历史，很好地回应了弗里德曼提出的问题。本书开头举出的唐宋时期潮州地区开始有宗族活动的三个故事清楚显示了当时的潮州社会并不是一个宗族的社会。虽然是故事主人公的后代在宗族建构时运用的一种历史资

---

① Maurice Freedman, *Lineage Organization in Southeastern China*, London: The Athlone Press, 1958, pp. 7-8.

源,但在这些故事发生的唐宋时期,这些故事的主角还不是"宗族",他们把财产施予佛教寺院,通过佛寺供养来控制财产,运用的并不是宗族的语言,恰恰显示出这个时代潮州还没有以宗族方式去组织和控制财产。南宋刘少集的《家谱引》从形式上看是一份世系,但其实只是一个远代祖先世系追源与个体家庭的亲属关系的记录,最多只是后世宗族谱牒的滥觞,与明清时期常见那种以宗族语言编撰的谱系明显不同。在潮州地区,我们真正看到宗族的语言被运用作为社会整合的方式,是明代中期以后的历史,西林孙氏就是一个可以帮助我们了解宗族语言如何在明代形成和运用的绝佳例子。本书讨论多个宗族的故事是非常精彩的,我们从书中的材料与分析可以清楚看到当地人在明代中期如何通过书写祖先历史(包括定居故事)的记忆,设立祖先祭祀,结合乡约建设,建立起一套宗族的语言以及实体性的宗族组织。

如果我们接受弗里德曼把族谱看成宗族的宪章的说法,那么,在宗族社会建构的过程中,对祖先及其后嗣的历史追述和书写,就构成了宗族语言的核心结构。我们在今天要通过族谱文献来解读历史,最关键的一着,就是要从族谱中读懂这种作为宗族宪章的历史书写。近年来,在乡土历史的编撰和社会史的研究中,族谱是被大家利用最多的史料；最常见的方法，是把族谱中以世系和个人传记方式书写的宗族历史叙述，改为用叙事的方式书写，基本上只是复述族谱中表达的历史。有些研究者也会质疑族谱记述的历史，但这种质疑大多都纠缠在族谱讲述的历史"真实"与否的层面上，实际上还是同样把族谱视为一种史书。其实，族谱本质上并不是一种史书，或者说，族谱编撰的真正出发点，不是记录历史，而是通过叙述历史的方式去规范并表达编撰时当下的关系。弗里德曼说过："社会人类学家通常视谱系为表达当下的个人与群体间的关系的一种陈述，而这种陈述使用了一套只以处理旧事为目的的语言。在没有书写的社会中，现实关系的结构与（口述）系谱表达过去所引出的关系结构之间无甚差别，现在的情况变了，过去也会随之改变。然而，中国是一个运用文字书写的社会，识字和书写将过去凝固起来，使之较难受现在的影响。"[①] 这种用文字书写的族谱，一方面令到讲述"过去"成为一种看似凝固从而具有真实性的"历史"；另一方面也让每次重新书写的编撰者有需要在历史中改变或加入新的内容。于是，历史研究者也许比人类学家更有兴趣探究的，是那种通过书写记录凝固化历史的过

---

① Maurice Freedman, *Lineage Organization in Southeastern China*, p.69.

程。我们把族谱作为一种史料来运用的时候，不应只是从被族谱凝固化的历史出发，更应该把握由一系列的编撰者的"现在"所构成的历史。这是阅读族谱最基本的方法。正如黄挺教授在书中所说："同一个家族在不同时间编撰起来的家族历史资料，会有不同程度的重写……在历史文本的重构过程，历史事实总是有一部分被遗忘，而另一部分则被强调。遗忘什么和强调什么，取决于社会观念形态。"于是，历史学家总是要问："这种重写，是在什么样的历史情景下进行的？是怎样进行的？"我相信，用这种方法去利用族谱资料研究宗族历史，才可以摆脱在族谱叙事真实与否问题上的纠缠，从族谱叙事中发现历史。有意从这样的路径去研究地方宗族历史的学者，可以从黄挺教授这本著作中获得教益。

科大卫多年前已经指出，明清时期地方宗族发展是一种文化的创制，因此，研究一个地方的宗族历史，立意就不能只局限在宗族作为血缘群体的亲属法则及其伦理道德基础，也不应该以为这种以血缘关系维系和包装起来的组织就是这个社会的核心结构。明清时期在地方社会普及的宗族，不仅不可能是古代宗法社会的延续，也不会直接就是宋明理学家设计的社会蓝图和重建的宗法伦理由上而下贯彻的结果，而是作为一种社会权利和政治权力的表达手段，在地方历史动态过程中展开的社会组织形式。因此，宗族研究不应该只是一种以家族伦理和血缘亲情维系的社会关系的宣扬和解说，而应该着眼于地方社会经济变迁和政治文化结构演变的过程。明清时期宗族的发展，是在各个地方形式各异的社会变迁过程中展开的，也因应着本地的社会经济关系和政治权力关系格局的改变而呈现不同的形态和演变过程。从宗族入手的地域社会研究，不是要由血缘继嗣的法则去演绎地方历史，而是要从地方社会历史去解释宗族发展的事实。本书从潮州地区的宗族入手，展开了明清以来潮州社会的五彩缤纷的历史，带出了宗族研究的多元视野，生动展现出这一研究旨趣的魅力。我们在书中可以看到明清潮汕地区的宗族在王朝更迭、地方动乱、权力转移、宗教整合、商业化、城市发展、跨国流动与文化互动等精彩复杂的历史场景中的种种变态以及在这些历史情景中扮演的角色，我们不仅可以在情节纷纭的历史剧场上窥见宗族组织的实态，更可以通过变化多样的宗族形态去透视地方社会的历史面相。我不应该再唠叨了，与其在这里讲一些空洞抽象的道理，不如跟随黄挺教授这部著作，走进历史现场，体验一种超越宗族研究的地域社会史吧。

2015 年 1 月 28 日于康乐园

## "遗产"的现代性*

在感觉上不算很久远，但仔细想想又已经过去很久的那些年代，当时并没有什么"广佛同城"的说法，不过，住在广州的人并不像现在那样把佛山看成是异乡（城）。周末或节假日，一早去佛山饮个早茶，到祖庙逛逛，在中山公园流连，在洁净的旧街上漫步，买几筒盲公饼，再到石湾买几件陶瓷器皿或陶公仔而归，是一种寻常的假日消遣。我已经记不清楚第一次到东华里是什么时候了，只记得有一次到佛山时，逛完祖庙，穿过一条稍稍曲折的街巷，就走到了东华里。说实话，那时其实并不觉得东华里有什么太特别之处，因为那个时候，这种形制的房子，在广州、在佛山，以至于珠江三角洲城乡各处，都是非常常见的。印象中只是这些房子盖得比常见的要靓一些，架势一些；尤其是青砖质量特别

---

\* 本文是为朱嫦巧《文与物：国保单位佛山东华里的构建》写的序，原刊于《开放时代》2013 年第 5 期。

好，经过时总会走近去摸一摸，发出一声赞叹；短短一条小巷，两边排开如此整齐的大屋，也很气派。那个时候，东华里的房子还居住着不少的居民，我们这些外来人"闯入"时，总是小心翼翼地避免扰乱他们生活的节奏。这里留给我的印象和感受，和整个佛山充满人情味的基调一样，散漫着静谧的气氛与和谐的节奏。

后来，广佛之间的交通越来越便捷，有了高速公路，有了海八路，最近又有了地铁，不过，我们去佛山的次数却似乎越来越少了。已经有很多年了，我几乎再没有为着消遣而去过佛山，每次前往，都只是陪客人去参观考察。而每次到佛山，都好像进了一座陌生的城市，弯弯曲曲的街巷越来越少了，笔直的马路不断延伸着，高楼大厦像雨后春笋。以往去佛山，不需要地图，就可以随意到处走走，现在如果离开了地图，就会迷路的。祖庙、东华里仍然是一个必到的去处。虽然佛山每天都是新的，但走进东华里，外观的一切依然如旧，时间好像凝固着，永远地停留在过去。不过，每次重新到东华里，我内心的感觉其实有着一种不知不觉的变化，随着东华里先后列为"市保""国保"的文物保护单位，成了一件"古董"，渐渐远离普通人的生活，成了赏珍猎奇的胜地，慢慢就没有了早年到此地那种感受了。这种变化在悄然发生着，我从来也没有很清楚地意识到,直到数年前读到中山大学人类学系朱嫌巧同学的博士论文时,才猛然觉悟,涌出一种莫名的焦虑和疑惑——大千世界在变,我的感受也在变,难道东华里真的不变吗?从这篇作品,我似乎找到了一点答案——经历着现代化的变迁,在物质形态和外在景观上没有变化的东华里,其实已渐渐变成了另一种物事。正因为朱嫌巧博士的论文启发了我去思考东华里在我心中的变化,当知道她要把论文修改成书稿,以《文与物:国保单位佛山东华里的构建》为题交付出版的时候,我希望能够借几页纸写下一点感受和想法。

在中国,过去很长时间以来,所谓的"文物",大致分为两类,一类是"历史文物";一类是"革命文物"。这种区分有一个预设的前提,就是,所谓的"历史文物",应该属于珍奇稀罕之物,或者是已经在那些远离今天的时代留下的,远离了日常生活,具有鉴赏或纪念价值的稀罕之物;还有那些与历史文化名人有关系的物件,虽然本身不属珍奇之物,但因其渗透着的"珍奇"人物之气息,自然也分属文物。相较之下,"革命文物"就物品本身而言,大多属于平常家什,只是由于上面记录着革命的业绩,是革命成功者的圣物,也就成为另类的"文物"了。在这样一种既定的认知模式下,东华里这种民居建筑得以厕身于文物之列,也许首先应归咎于人类学、民俗学的发展,改变了人们的知识体系,也逐渐改变了各方有文之士的观念。尤其是历史学者的眼光也转向民间社会和日常生活,令到锅碗瓢盆一类日用"破烂"也能成为宝贝。最近一些年来,"民俗文物"越来越成为文物界的宠儿,在很多"专家"的推波助澜下,这些"日常"的物体,甚至成了"地方文化"的主要载体,受到前所未有的重视。

与此同时,不知是有意配合这个转变,还是纯属偶然的巧合,在最近很短的时间里,中国城乡各处急速地奔向"现代",人们对旧东西的厌弃与对新事物的热情,令到旧的器物因为无用而被丢弃,旧建筑因为破烂而被拆除,旧街区因为低值而被摧毁,我们儿时熟悉的生活用品,一时间只有到博物馆才得寻觅其芳踪。于是,即使在过去的文物概念下,那些本来日常习见之物,由于各种因缘巧合而存留下来,也有了一夜之间摇身变成稀罕奇珍异宝的机会。

与此同时,随着人们对历史与政治的宽容,如东华里建筑旧主们那样的人,不管是曾经镇压"革命"的清朝总督,还是曾作洋行买办的香港富商,都得以重新被认定为"名人"了。同这些"名人"的联系,也自然会增加东华里的建筑作为文物的价值。因此,我们从东华里作为"文物"的历史和现实中,可以看到当代社会文化发展的多元背景与多重价值如何叠合起来,旧遗产与新时势、旧物件与新价值,糅合成为一种动力,推动着东华里作为"文物"的不断升值与周边街区及景观的毁灭以及社区生活消逝的过程并肩前行。

在朱嫦巧的博士学位论文通过之后,一次偶然的机会,她带我拜访了仍住在东华里的骆秉章第五代后人骆筠郦老师夫妇。那是我第一次坐在东华里的老房子里听老人家讲述过去的故事。不过,当时的我,对身处其境的场景和人物的兴趣多于听故事的兴趣,骆老师讲述着她在解放后的人生经历时,我的思绪一直在她讲述的故事与骆秉章的时代之间游荡,努力把五代人一百多年的历史叠合到现场中。不过,这种出自历史学者偏见的努力似乎是徒劳的。对于骆老师而言,这座老房子在她生命中的意义,更多体现在她童年生活的记忆,这种记忆把老房子的空间与气息生动地呈现了出来;而清代名宦骆秉章,只是以客厅一个角落里的墙上挂着的一幅小小的画像而存在着的一个标签。

听着听着,我的注意力逐渐集中到骆老师的人生以及她生活的空间,她的神韵与这座老房子的魅力似乎紧紧地扣在了一起,我突发奇想:如果这座房子只有骆秉章而没有了骆老师,还会有这种让我的心颤动的魅力吗?由此,我似乎明白了现在走进东华里的感觉,为何与它还没有成为文物保护单位的时候有这样大的差别。也许我们应该反省一下,地方文化遗产的价值如何才能够得以实现,将其社区生活的脉络完全抽离,其文化内涵还存在吗?佛山从清代的忠义乡,到今天的地级市,已经发生了巨变,大家都同意在这个巨变之下,应该尽力去保存当地的历史文化遗产。但是怎样才能真正保护这种遗产,文物专家们会重视把实物保存下来,他们相信,建筑本身就是文化的体现,甚至建筑的局部片段——镬耳墙、趟栊、砖雕、灰塑等等,保存下来就保存了文化。但其实,社区的景观已经改变,社区的生活已经消逝,每个地方,在把祠堂、庙宇、民居等单个个体保存下来的同时,却摧毁了这些单体文物的环境与景观,生活在其中的人群及其社区生活也被驱逐出去,单体的建筑所体现的文化多元性与特色也就无从寻找了。想到这里,我忽然觉悟,在某种意义上来说,东华里成为文物的过程,也就是她失去内在的文化价值的过程。本书作者也许不一定同意我这种有点偏激的见解,但读过她的研究著作的我,在沉醉于东华里的老房子和老人家的故事之后,再走出小巷外面,望着周围一片废墟的时候,自然就冒出了这种想法,失落感油然而生。面对这样一种现实,我相信朱嫦巧的研究也许可以令到我们这些人在感情上的失落,在理性上获得更多的消解。

在1980年代中期,我开始与一些人类学家朋友合作在珠江三角洲开展田野研究,那时正值人类学者和历史学者努力反省既有的研究范式,宗族、祠堂、庙宇等等旧时代留下的遗物顺理成章地被重新审视。当时,佛山、小榄、沙湾这些清代繁荣一时的乡镇的过去建筑与街道基本上还完好地存在着,人民共和国虽然改变了这些空间中的人与事,但我们还可以凭着文字的记录与其他形式的历史记忆,在这些空间中寻觅当地的文化性格与遗传基因。研究者因长期的研究而对研究对象萌发的感情,令到我对过去的物品、建筑、景观,以及社区空间与生活有一种不舍的情怀,我深信对消逝的过去的记忆与留恋,是人文精神的一种源泉与寄托;消逝之不可抗拒与留恋的不可舍弃,是生活在现实中的人们无法逃避的处境。而对于执着于研究"他者"的人类学者来说,要在以自己身处其中的社会作为对象的研究过程中走出这种处境,更是异常困难和痛苦,但要解脱出来,又只能够投身这种处境,在研究中寻找理性的出路。

今天被各地列为文物加以保护的乡村建筑中,像东华里一类的民居只是比较少数的一种类别,大量的是乡村中的祠堂和庙宇。我过去20多年间在珠江三角洲的研究,比较多关注的是祠堂庙宇这些乡村礼仪的标志,对民居的研究则比较少做深入探究。不过,我在珠江三角洲乡村的研究中，把乡村祠堂庙宇一类乡村建筑以及乡村的景观格局的创造和改变，视为社会文化变迁历史的产物，这种研究经验推演开来，或许也适用对东华里一类民居建筑的研究。

过去在珠江三角洲地区流传着"顺德祠堂南海庙"的俗谚，道出了这个地区乡村的祠堂庙宇壮丽炫目的景观。我们的研究揭示了这种建筑景观是明代以后珠江三角洲乡村的宗族制度发展以及信仰与祭祀标准化过程的物化体现。在明清以后的珠江三角洲社会，通过在乡村中确立宗族的礼仪，以王朝祀典接受的神明来改造乡村信仰与祭祀仪式，在乡村社会形成了"皇帝的权力"与"祖先的权力"结合的国家秩序。珠江三角洲乡村中的祠堂庙宇建筑，展现的就是这个乡村社会整合的文化机制创造的历史。而透过这个在乡村中缔造国家的过程，我们看到了国家意识形态与礼仪在地方社会的创造。

因此，这些在今天被视为地方文化遗产的建筑，本来就是地方社会与国家历史变迁中的文化创造。他们的前世今生，创建也好，拆毁也好，重新包装也好，都投射出了不同时代不同社会层面的政治环境、意识形态、文化价值、社会心态与审美标准，而文人学者在这个文化营造过程中扮演着特别的角色。今天，许多地方重新把这类建筑收拾起来，或修葺一新，或重建，这些祠堂或是庙宇又成为另一种文化资源——文物；阐释这些物质载体的不再是创造它们的士绅，而是各个学科的"专家"，以及自信从"专家"那里学习到一套"正确的知识"与"正统的话语"的地方官员。这些"专家"的话语塑造了"文物"或"遗产"的新的身份与形象，而官员们抱持着他们相信的"正确的"文化模式与价值观念，运用这套话语创造出"文物"的实体。他们的行为，在当今的政治、经济和文化结构中，令已经消失了的"祖先的权力"演化出新的文化机制，以"遗产"的方式建立起与国家意识形态的联系，并借此重新建立佛山或广东社会的社会秩序与文化规范。佛山东华里经历社会变革而被保存下来，并被评为国家级文物保护单位，正是这样一种历史过程的体现。由此看来，从人类学的角度去研究当代社会文化的形貌与变迁机制，本书选择了一个很好的切入点，也贡献了一种很有启发的研究经验。本书的"文物"研究的贡献，就不仅仅是对"文物"本身的认识，还是对今天社会政治、社会、文化形态，甚至对作为知识建构与传播机制的教育状况的深刻揭示。

朱嫦巧这本著作，最令我感兴趣的，是她并没有去论证东华里的文物价值，而是讲述了一个"制度化"的故事。她阐述了结构是如何被建立的，说明了知识体系如何被各方接受。作者特别强调"专家群"的观念，该群体借其社会地位及话语模式，使他们的知识体系为公众及政府所接受，从而完成文物形象的建构，这是她对当今文物制度的一种颇有解构味道的认识。

　　从这些年来广东各地的文化遗产保护的实践看，正是文物专家的知识体系创造了"岭南文化"的特色，影响着文物的选择与保存。这种创造，并不只在佛山发生，在广东各地都得到了显现。如广东的四大名园、广州的陈家祠、开平碉楼、番禺沙湾等"古村""名镇"。这些"文物"成为广东展示自己，以及外地人认识广东的窗口，由此完成了自我与他者的建构。与此同时，在各种物质与非物质文化遗产本地化的过程中，也被宣称为中华民族优秀传统文化的重要组成部分。在这个过程中，今天的"专家"在文物的发现、评定、保护与利用过程中充当的角色，与明代中期广东地区士大夫并无二致，他们的活动包含着一系列的文化创造，如推动基层社会在正统文化规范基础上的整合；按照国家对优秀文化的定义及系列文物法规，厘定出系列优秀文化的展现方式与发展模式；地方应如何在此过程中建立合理的社会秩序。本书对文物的认识方式及对相关知识的结构化过程的关注，是对文物认识途径的一个新探索，并显示出某些方向性的轮廓，这是本书特别值得称许之处。

　　因此，作为冷眼审视历史与现实的历史学者，面对旧日乡土情调的消逝，我们在伤感之余，没有理由沉沦在悲观的情绪中。就整体而言，佛山保留下来的文化遗产还有不少。除了大家熟悉的祖庙、南风灶之外，还有叶家庄，开马路不见了一部分，剩下的那部分因被列为文物保护单位而得以保存了下来；东华里附近还有一个成规模的家族聚居地——区家庄，也是一个很不错的地方。这两个家族的聚居模式，或许可以是宗族制度城市化的一个很好的研究个案，而它们作为文物保护单位所经历的，也可能与东华里有不一样的命运。如果我们能够把这些已经碎片化的残迹整合起来，以整体的视野去开展研究，尤其是把佛山地区文物保护的总体情况及佛山城市发展的历程，也作为一种内在化的历史过程来研究，还是可以形成一种对佛山历史文化的整体认识的。本书的结论部分如能采用历史叙述的方式，展现出解放后文物保护理念的演变及制度化过程，则会令读者有更宽阔和全局性的认识，使本书的结论更加充实与明晰。同时，我也希望作者在今后的研究中，扩阔自己的视野，从更多角度去研究和书写东华里以外其他文物单位的构建过程，更全面地展现佛山建构历史文化名城的过程。

2012年1月1日草于珠海

2013年8月6日改定于槟榔屿

## 讲述乡村故事[*]

这本书,讲述的是珠江三角洲一个乡村过去几百年发生的故事。

在珠江三角洲,像沥滘这样的乡村星罗棋布,其中不少在今天被人们贴上了"古村落"一类标签,越来越多地进入读书人的视线。人们走进这些乡村,在祠堂里、在庙宇前、在榕树下,常常都会见到一些老人,三五成群,聚在一起,天南海北,好像有永远聊不完的话题。当你走到他们中间,问一点他们乡村的事情时,他们常常就会向你讲述起自己村子的故事。20多年来,我到过不知多少个这样的村子,也听过很多很多这些村落的故事。这种历史叙述的套路,更广泛见于珠江三角洲地区乡村的族谱之中,村民一代代口耳相传,同族谱等文献的记录以及乡村中的景观交织在一起,形成一种结

---

[*] 本文是为石坚平《创造祖荫:广州沥滘村两个宗族的故事》(广东人民出版社,2013)写的序。

构化的集体记忆。我听多了，看多了，故事细节及种种差异渐渐在记忆中叠合交错，散漫氤氲，脑子里只留下一种几乎千篇一律的历史叙事模式。

珠江三角洲的乡村，开村的历史，大都可以追溯到宋代（一般不会特别深究是南宋还是北宋），其来历绝大部分都追溯到粤北南雄的珠玑巷，也有少数有其他来历，例如宦游经商不归之类。他们的"太公"，先是到了珠江三角洲某个地方，然后常常至少经历一次以上的迁居，最后选择了现在聚居的地点，或喜有山可樵、有水可渔、有田可耕，或爱其地山水秀丽，可发子孙，就定居下来了。这些开拓历史的"太公"，有的筚路蓝缕，开拓基业；有的入赘他姓，继则取而代之。"太公"落地生根，"子孙"就开枝散叶。其后，大家共同拥有一些相似的历史，突遭劫难者，有明正统年间的黄萧养之乱、明末的奴变、清初的迁海展界、咸同时的红兵；延绵不绝者，则是不断冒出了一个又一个的庠生贡生进士举人仕宦，稍晚近一点，那些在生意场上的成功者也进入了乡村的历史记忆。这些士绅商人撑起了乡村的辉煌，他们的事迹常常构成除开基故事之外最主要的历史叙述。

在这样一种叙事模式下展开的历史，在乡村中广为人知，历史学者也相当稔熟；在珠江三角洲地区，不只是一种茶余饭后消遣的历史传说,更成为一种集体的历史共识,这种共识,形塑着人们的自我认知,凝聚着地方的文化认同,投射并参与本地社会结构的构建与变迁过程。历史研究者要抛开这种历史叙述套路去重建另一种乡村历史,不啻徒劳无功,而且还会疏远民众的历史记忆,离开历史现场,从而丧失历史研究应具有的文化诠释能力。如果只是在这种套路下发掘更多的琐事,呈现更多姿多彩的情节,固然可以让历史更加有血有肉,富于魅力,但要从细碎化的历史理解中引出对当地社会文化更有深度的诠释,其所能获致的成效也不见得令人满意。

　　石坚平君积十年之努力,从走进广州近郊的乡村,搜集乡村民间的文书开始,探求透视乡村社会的学术视角,修炼理解乡村文化的学术素养,积聚再现乡村历史的地方知识,然后用他的眼光,解读沥滘村两群不同姓氏人群的故事。本书讲述的沥滘村的故事,仍然是在上述珠江三角洲乡村历史叙事的基本结构中展开,从当地人在现实生活中所应对的政治经济关系切入,通过几百年间沥滘村不同群体的历史活动,对这种历史叙事模式进行了诠释和解构。在有关珠江三角洲地区乡村社会研究著作中,从一种学术关怀出发,如此细微地解读一个村落几百年的历史,是难得一见的。

石坚平君讲述沥滘村故事的眼光、方法以及具体见解，明显深受大半个世纪以来几代人类学者、历史学者以华南为主要区域展开的学术研究传统的影响，作者是如何在这一系列经典性的研究中吸取学术的智慧，已经在书中有详细的交代。书中讨论的话题、视角，乃至具体的文字表述，处处都表露出作者非常努力地用前人研究形成的见解，运用到阅读沥滘村的历史之中。1950年代以后对华南乡村社会的经典性研究，先是由一批人类学家开启，继而影响了一群历史学者展开的历史人类学研究，经过几十年的努力，提出许多富有洞察力的见解，建立起一套在理论和方法上均有相当深度的解释体系，在学术界产生了深刻的影响。但是，这些研究对本地的历史认识与书写的影响似乎微乎其微，近年来才在少数年轻学者的地方历史研究中产生一些回响。石坚平君的努力，以敏锐的眼光驾驭那些从地方文献和田野经验中获取的资料，一方面利用一个村落细致的历史资料，对前人经典性研究提出的理论与方法作出了回应；另一方面也把这些经典研究的视角与思路，运用到村落历史的重新建构中，努力打通象牙塔中学术研究与公众历史书写之间的联系。我们期待这本石坚平付出了极大的努力完成的著作，能够对珠江三角洲乡村历史的认知产生直接的影响，同时也可以在地方历史的研究中引出更有深度的诠释,并由此拓展地方历史的视野和研究层次。

学术界有一种似乎颇流行的印象,觉得在珠江三角洲地区开展的明清时期乡村社会史的研究,过分强调王朝国家整合的力量,夸大了王朝教化的成效,视角过于侧重地方社会整合到王朝国家的正统化过程,而忽视民间社会的动力和地方文化的独特性。本书详细考察了沥滘村两个姓氏群体在明代以后如何一直努力通过"寻找"祖先故事、编织系谱、修造祖先祠堂等手段,培养士大夫文化认同,维系正统性的身份与权利。这种历史叙述,相信一定会更证实和强化了这种印象。事实上,石坚平君主要利用宗族文献重建沥滘村的历史,的确是地方社会整合到国家体系的过程,体现了王朝国家秩序与意识形态向华南地方社会的渗透。但是,如果以为这个过程是地方精英简单地执行或移植国家的制度或法律,是王朝国家按其意志将其设计的社会规范向民间社会推行,民间社会由此成为国家体制的一个复制品,就不能不说是一种误解了。书中叙述的故事的各色主角,当然都是很努力地以种种方式,给自己蒙上士大夫文化的包装,但他们绝对不是被动地执行王朝的意志和规范。他们各种行动的动力,从应对本地社会的政治经济环境中产生,他们采用的方式与利用的资源,也建基于当地的社会文化的条件之上。作者不但极力从由规范包装起来的文字记录中发掘乡村生活的现实，而且在把宗族文献作为主要资料来源的同时，收集记录了大量本地村民的口述传说，并以之同文字记录史料参证，相互发挥，展现了在文字记录世界中口述传统和地方性知识的空间。在这个空间里，我们可以看到王朝国家的秩序和士大夫的文化，并不是以它规范的模式在乡村中存在并被小心地仿效的，地方人士总是以本地的方式去处理身边的问题，但这种本地的方式总是会在国家意识形态和文化价值中获得合理性，从而帮助他们达到自身的目的。

要从地方社会的脉络和逻辑中认识王朝国家整合的机制，需要以理解生活在特定时空中的特定人群的活动为出发点。熟读仕宦文人的奏章宏论和王朝国家的法规政令的学者，在关注地方社会的时候，往往会从这些"国家意志"在地方上得到贯彻还是遭遇抵制的角度去提出问题并寻求答案，不太容易明白王朝体系下基层社会人们的日常生活如何体现着国家的存在，更难理解他们在现实生活中用来抗衡国家干预，维护本地传统与利益的行为，往往会以拉近自己与"国家"的关系来实现，而民间性的文化创造与地方认同的营造，往往就是国家整合机制的形成过程。在地方社会历史研究中，这种认知能力的获得，很大程度上依赖于扎实而深入的田野经验。石坚平君在广州郊区的研究，是从整理一批零散的乡村契约文书开始，为了解读这些文书，他寻访了广州近郊的很多个乡村，最后选定了沥滘村作为自己深入开展田野研究的重点。他作为一个外地学生，开始时连语言沟通都有困难，更不要说这种调查很难被乡民们所理解，其田野工作遇到了多少困难不难想象，但他一直不畏艰难，锲而不舍。他在田野调查中有很多令人感动的故事，也遭遇了很多的挫折；他投入田野调查的毅力和努力，是非常令人钦佩的。记得有一年除夕，他在我家吃完年夜饭，马上又只身一人赶到沥滘村，去参与卫氏午夜的祭祀活动。现在大家读他这部书，可能会觉得他大部分讨论都是围绕着宗族文献展开的，如果没有长期深入的田野工作，很难想象能够在一个村落中获得这样丰富的文献，更重要的是，如果没有深入的田野经验，他绝不可能对这些文献作出这样独具匠心的解读和诠释。

写一个村落的历史，几乎一无例外会遇到的最大困难在于史料的缺乏与单调，更具冒险性的是，在研究中总是缺乏可以为零散的民间文献的解读以及乡村历史的重构提供可资佐证的资料。于是，作为一种无可避免的选择，研究者除了可从文字记录中获知直接的信息外，还要依赖研究者基于文献释读和田野参与观察经验培养出来的逻辑推理能力和想象力去构建出完整的故事架构。加上还要借助和回应相关的学术讨论来展开这个故事，而研究者对抽象理论的理解和相关理论的显示适应度的把握，总难免有欠缺之处。在这种处境下，期待研究者贡献一个没有瑕疵和疏漏的作品，是不切实际的。无论如何，这只是一个乡村的故事，一个年青研究者用了十年的心力去讲述的乡村故事。这个故事讲述了珠江三角洲的所谓"宗族社会"是怎样形成的，可以引出很多思考；还有更重要的是，这个故事也印下了一个学者在艰难的治学路上深深的足迹，他在一直前行着。

2013年4月2日写于台湾交通大学木淑馆

# 族群的迷思 *

　　近年来,"族群"在中国民族学、人类学和社会史学界中是最为流行和热门的一个术语。也许是出于对自 19 世纪以来使用"民族""种族""族类"这些词语的时候渗透着过于浓烈的"人种学"意蕴的反抗,人们宁愿使用这个看似摆脱了过往以种族范畴为核心的成见,淡化了血统色彩的概念,以表明要同过去的"民族"概念划清界限的学术立场。与此同时,陈寅恪先生关于胡汉之别文化较血统尤为重要的不刊之论翻出了新意,郝瑞的研究提醒人们把目光从"自我认同"转向从政治与历史情景去认识"民族"这个范畴,安德森的书 *Imagined Communities* 中文书名译为"想象的共同体",更引出了把"民族"视为一个虚构范畴的极端化认识。当学

---

*　本文系为唐晓涛《俍徭何在:明清时期广西浔州府的族群变迁》(民族出版社,2011)所作序言。

者们一路凯歌地走出以生物种属同民族区分联系起来的泥潭之后,稍一回首,发现仍然要面对历代文献中大量以"族类"划分人群的记录。这些长期沿用的族类区分,与今日的"民族"划分,有着密不可分的联系,割断这种联系,只着眼于现代国家权力的创造,无疑属掩耳盗铃之技。如何把民族国家成立以后形成的民族观念同古代中国族类意识联系起来,重建对今日中国的民族(或族群)概念和民族关系的认识,固然可以从社会、习惯、语言、文化、心理等方面进行结构功能分析,但更具深度和解释力的研究,无疑是把由当代可以直接观察到的实践进行结构功能分析的方法,向前推至更久远的历史时空,由特定的历史场景和实践活动去理解族类划分的动态过程与凝固化的机制。唐晓涛的这个研究,可以说是在这个取向上超越现有族群研究的一个尝试,从她已经写出的这本书看,这个尝试已经取得了非常实在而有成效的进展。本书利用的材料,作者之所以能够从这些看似鄙俚的材料中独具慧眼地发掘出学术意义,并能够做出颇具深度的解读,是基于作者多年在当地的田野经验。这就注定了本书中看似晦涩的讨论,绝非陈陈相因的成说可以媲美。因此,作为一种探索,本书也许难除生涩的气味;要在理论上有所阐发,也不免有辞穷理屈之叹,但正是因为这样,我相信这是一部具有开创性价值的著作。由此出发，若假以时日，作者以及后继同志之人，必能发前人所未发，成一家之言，故乐为之序。

2011 年 5 月 29 日

# 盐卤泡出的历史 *

两年多前,东莞市举办了一次"明清时期珠江三角洲(东莞)区域史国际研讨会",邀我做主题发言,谈谈自己对东莞在珠江三角洲区域历史的角色的一些想法。我在发言的时候,提及东莞作为帝国行政体系一部分的历史,是从设立盐场盐官开始的,国家最初在这里设立的行政机构主要是管理盐务,后来才由盐官改为郡守。一年多前,东莞展览馆提出与中山大学合作开展珠江三角洲盐业与城市发展之关系的课题研究。其实,我虽然了解盐的生产与流通,在古代中国是沿海边疆地区整合到帝国体系历史中一个重要的因素,但我自己并没有真正做过研究,连懂点皮毛都谈不上。幸好黄国信教授是这方面的专家,他欣然承担主持这个课题的研究工作,只是坚持要我在课题组中挂个名。现在这个项目在

---

\* 本文是为黄国信、钟长永编《珠江三角洲盐业史料汇编:盐业城市与地方社会发展》(广东人民出版社,2012)写的序。

课题组师生和展览馆专业人员的共同努力下，取得了初步研究成果。受这些研究成果的启发，我这个本来只是挂名的人，还是应该谈一些自己的粗浅意见，为这个挂着的名抹上一点点实在的痕迹。

现代的国家或政区，都是在固定的疆域内，由特定的国民组成的，以至于人们理解历史的时候，也不假思索地以为国家或政区在历史上也从来都是自然地由其居住在固定疆域内的国民构成。其实，中国古代的王朝国家，是以皇帝为中心的国家出于控制和获得各种资源的需要，以不同的形式建立起来的权力体系。因此，国家对地方控制的实现，一定是建立在对该地方的资源控制的基础之上，由此形成的国家行政区域的层级体系，也一定是在资源控制需求的层级基础上构建起来的。由中心向周边扩散的权力结构，通过由周边向中心聚集的贡赋体系来实现，这是我们理解古代帝国构造的关键。远离帝国中心的沿海边疆地区，其纳入帝国体系的纽带，总是同海洋向帝国提供的消费物相联系。其中在人类生活中不可或缺的食盐就是其中很重要的一种物资。在中国古代历史上，对食盐生产和供应的控制一直是贡赋经济与国家权力体系的重要一环，国家控制盐业设立的机构也就成为食盐生产地最早纳入国家控制系统的主要机制。认识这个道理，我们就不难明白东莞进入中国王朝国家的历史为何是从盐的管理开始的了；同时，也可以反过来想，东莞的历史从盐开始，正体现了东莞后来的历史发展注定是在王朝国家与海洋之间的联系框架中展开。

有研究认为，早在汉武帝时期，已在东莞设置盐官。《汉书·地理志》有"番禺有盐官"之说，一般认为此盐官即设于后来的东莞地区。南朝《宋书》记载东莞设有司盐都尉。东晋咸和六年（331），晋成帝分南海郡一部分设置东官郡，下设宝安县，郡治、县治俱在宝安县南头（即今深圳南头），并由时任东官司盐都尉的何志升任东官太守，领宝安、安怀、兴宁、海丰、海安、欣乐等六县；东官郡管辖的范围大致包括了从珠江口上的岛屿及向东一直延伸的广大区域。唐宋以降，盐业生产长期是东莞历史中重要的内容。成书于北宋元丰三年（1080）的《元丰九域志》中记广州有"静康、大宁、东莞三盐场，海南、黄田、归德三盐栅"，均在当时的东莞境内。此时的东莞，实为以广州为中心的区域性产盐中心，盐场、盐栅成为早期主要的聚落和行政单位。随着珠江口的开发，周边地区的聚落逐渐发育起来，形成新的地方行政单位。从古代东莞发育出来的珠江三角洲城市，包括了今天的中山、澳门、深圳、香港、珠海，甚至广州的一部分，这些城市所辖地区的早期历史，几乎一无例外都是以盐场的历史为主体的。如果按过去的历史观，把进入国家作为"文明"的历史的开始的话，那么在某种意义上也可以说，这个今天在世界经济体系中举足轻重的大城市群的"文明史"，就是从盐场和盐户的历史开始的。

在近代工业文明出现之前，人类的生计模式，因着自然生态条件的差异，大略可分为农耕、游牧和渔盐三大部类，其中渔盐经济仰赖着江河湖海的资源，往往只是农耕文明的依附和补充。因此，以渔盐为主要生计的人群，在以农耕文明为基础建立的王朝国家中处于边缘地位，似乎是一种宿命。古代的珠江口地区，分布着无数的岛屿、半岛和海湾，这里的人群世世代代以渔盐为业，决定了这个地区和生活在这里的人群首先是通过提供渔盐产品进入王朝统治体系之中的。然而，渔盐经济并不只是一种边缘的附属的经济，它同时也是在陆地上生存的人类走向海洋的第一个经济台阶，在人类社会由航海推动的商业化历史大趋势下，以渔盐为生计的人群自然拥有天然的优势，成为海洋经济的弄潮儿。古代东莞地区的历史由王朝国家的盐场群起步，到今天发展成为现代世界经济体系中的大都市群，就是一个非常典型的例子。

饶有趣味的是，如果我们说古代东莞地区进入国家，走进"文明"的历史是从盐业起步，那么后来地区开发与商业化的历史，却表现为盐业逐步退出的过程。在宋代以后的1000年左右的时间，围绕着珠江口周边地区的开发循着两条主线：一是在河口泥沙冲积的基础上，通过人工围垦造出广袤的农田，本地的生计由渔盐向农耕转变；二是以广州为中心的海洋贸易带动了整个地区的商业化，地方经济被拉入世界市场，成为全球经济的一部分。这两个方面的发展都促使了盐业经济在珠江口逐渐衰退，农业垦殖直接将珠江口的淡水线向外推移，从根本上摧毁了盐业生产的条件；世界贸易的扩张，也令到海洋资源的主体由海产品转变为海洋贸易的商品，海上贸易取代了沿海采集成为海洋经济的主要模式。在这个过程中，国家权力的控制与介入的方式也发生了一系列复杂的变化，在强大的王朝国家的政治与文化渗透下，地方社会逐渐发生转型，国家在地方社会的存在方式也就由盐场转为州县，再在州县的架构下，建立起以王朝正统主导的权力实体和文化象征所支撑的基层社会。

不过，这个历史转变过程，并不意味着盐退出了这个地区的历史舞台。一方面，正如大家都了解的，在珠江口以外向广东东西两侧沿海延伸的盐场的发展，以及在此基础上发展出来的粤盐专卖和销售的网络，在地区经济中一直扮演着重要的角色。另一方面，古代东莞地区的盐场的历史,因为是王朝国家在本地社会建立的最早的控制形式,成为本地居民构建正统性身份认同的集体记忆;由此,古代东莞的盐的历史,就不只是一种消失了的历史陈迹,而是一直在后世的历史中延续着,并深深地影响着现实生活的文化资源。

  基于这样一些认识,我觉得东莞的市政府和东莞的文化工作者提出了这个以盐的历史为主题的研究项目,把盐的历史作为认识东莞发展的一个重要切入角度,是非常有见地,非常明智的。虽然作为地方政府和文化事业部门,关心的重点当然主要是本地的历史与文化,但这样一个课题的开展,在学术上具有更重要的价值。由这个课题可以引出很多学术上的问题和思考,我们甚至可以期望由这样一个角度出发,通过今后一步步扩展研究课题和思考的空间,去建立新的历史解释模式。当然,我们目前所做的,仅仅是一个非常非常初步的工作,而且受资料的限制,从历史细节的钩沉到地方历史的整体建构,距离我们希望达到的目标,都还有很远的距离。但我们毕竟走出了第一步,如果能够由这一步出发,开始转变历史认知的方向,这份尚属粗糙的成果,就能够在学术史上留下自己的足迹。

2010 年 11 月 14 日夜草于宋官富盐场辖地

# 揭示传统中国政治斗争的经济和文化内涵[*]

有明一代,统治集团内部矛盾重重,政治斗争错综复杂。理清明代政争的缘由与线索,揭示其经济和文化内涵,是明史研究中一个颇具学术魅力的重要课题。郑克晟教授所著的《明代政争探源》(以下简称《探源》)一书,最近已由天津古籍出版社出版,该书对这一课题进行了深入而富有创见的探索,立论新颖而持论平实,不失为近年来明史研究的一部力作。

在国内史学界流行的解释模式中,中国历代王朝的政治纷争,或者被不加分析地视为统治集团内部无原则的争权夺利;或被简单地划分为保守与改革两个派别。这样的解释虽然不是没有其符合历史事实的成分,但绝对不是对纷繁复杂的历史过程的唯一可能的理解。《探源》开卷就给读者以一种新鲜感,因为作者摆脱了上述

---

[*] 本文是郑克晟著《明代政争探源》(天津古籍出版社,1988)的书评,与陈春声合撰,原载《广东社会科学》1992年第2期。

固定的模式，先从明初江南士大夫对元、明两个王朝的不同态度入手，指出在明朝建国之初，朱明政权与江南地主集团之间就存在深刻的矛盾。而矛盾的根源在于南北两种地主经济形态存在着重大的差别；而明王朝扶植北方地主、打击江南地主的政策，就使南北地主集团之间经济利益的冲突，在政治舞台上表现为尖锐的政见和权力之争。这种从具体的历史事实出发，在社会经济条件和不同社会集团之间的物质利益冲突中，寻找政治斗争的根源，又通过经济因素与王朝政策的互动关系，揭示政治斗争实质的研究方法，是将历史唯物主义的基本原理，具体运用于传统中国社会历史研究的一种富于建设性的尝试。

中国幅员辽阔，又长期实行中央集权，地区间的利益冲突必然会直接间接地反映于王朝政策之中。各个具有地缘色彩的政治集团，常常从各自的地方利益出发，力图影响中央政策的制定与施行。唐宋以后，经济重心南移并长期与政治权力中心分离，使宫廷政争更多地蒙上地缘政治的色彩。然而，明代南北地主集团之间的利益冲突，之所以贯穿明王朝近三百年政治斗争的始终，更有其特殊的历史原因。在《探源》这部资料丰富、内容翔实的著作中，作者阐明了朱元璋打击江南地主，以及朱棣扶植北方地主的政策的形成过程及原因，并把两大地主集团政治利益上的冲突归结为这种政策施行的结果。这一来,明代政争背后的地主集团之间的矛盾,就不仅仅是地区性利益的冲突,而包含了更深刻的内容,使读者体验到某些文化层面上的意义。

《探源》一书用了超过一半的篇幅,讨论北方地主经济形态的各种形式,及北方地主经济势力的扩张。在一部顾名思义应是政治史的著作中,用如此之大的篇幅去讨论经济形态,确实构成了本书引人注目的一大特色。在提出明代政争的实质在于南北地主之间的利益冲突的命题之后,如不对北方地主经济形态作进一步考察,就难以使问题的研究由表及里,由抽象到具体,从而更令人信服地揭示矛盾冲突的本质,因此,本书第二编《明成祖迁都后北方地主势力之扩张》虽然看起来铺得太开了一些,但仍然是全书结构不可缺少的一个重要部分。有点美中不足的是,可能作者觉得对江南地主经济形态已有许多其他研究成果可供参考,因而对这一问题未作同样深入的考察,结果使读者有某种不满足感。

根据作者对北方地主经济形态的深入考察,可以了解到,所谓"北方地主集团","实即是以朱明政权的皇室、勋戚、太监、官僚等人组成,这是在永乐迁都北京以后逐步发展扩大而形成的"。北方各类大庄田的占有者,即皇帝及皇室成员、藩王、公主和勋戚、太监,基本上是一群因与宫廷的特殊关系而具有特殊身份、享有各种封建特权的权贵,其经济利益直接依赖于身份和特权。其庄田的来源,基本上都是运用政治权力以超经济手段获得的。这些人大多不必通过科举的途径得以上升,较少受"重义轻利"的上层士大夫道德规范的约束,也容易藐视正常社会和经济行为中的通用规则,从而形成一种以特权为基础的文化认同。他们在这种文化认同感的支配下,必然会充分利用其在宫廷中的势力维护本集团的利益;北方地主集团势力的扩张,又必定以损害江南地主集团的利益作代价。

由于江南经济、文化的发达,在科举制度基础上建立起来的明朝官僚体制,必然使江南士大夫集团在中央政府的行政架构中占据重要位置,形成足以与皇室、藩王、公主、勋戚、太监等认同特权的朝中权贵相抗衡的政治势力。虽然作者对江南地主经济形态未做专门分析,但《探源》一书开宗明义就已明确了所谓"江南地主集团"的含义:"一部分是指苏(州)、松(江)、常(州)、杭(州)、嘉(兴)、湖(州)地区的地主及其所属的士人、官吏;另一部分则是指东南沿海地区(包括江、浙、闽、广)兼营私人海上贸易的地主。"[①] 从全

---

① 郑克晟:《明代政争探源》。

书的讨论中我们获得这样一个印象：与北方地主集团相较，江南地主集团在政治上的代表人物，主要是通过科举的道路得以上升的，因而较多地认同传统士大夫的政治理想和道德规范，整个集团的行为规范相对来说表现出较强的经济性和社会理性。这个集团在经济上的发展较少直接依赖于身份地位和政治特权，他们对土地的占有权，一般不会像北方地主那样随着政治地位的丧失而失去。这样的理解也许已超出了《探源》一书作者的原意，但无论如何，江南和北方两个地主集团在文化认同上的差异显然是存在的。

我们之所以强调这种差异，是因为感觉到郑先生区分两大地主集团时使用的"江南"和"北方"这两个范畴，并不仅仅是两个单纯的地理概念，而含有特指两种不同属性的地主经济形态的意义。钱钟书先生讨论到中国画派分南北时曾指出："某一地域专称引申为某一属性的通称，是语言里惯常的现象。"[①]《探源》一书使用的南、北概念，同样可以理解为某种属性的通称。事实上，作者讨论明代政争中的派别和具体人物时，也没有拘泥于讨论对象的籍贯是南人还是北人。如宪宗时积极反对太监擅权、反对庄田扩张的李敏、周经，分别是

---

① 钱钟书：《中国诗与中国画》。

河南人和山西人，籍贯在北方，但书中显然是把他们作为代表江南地主利益的政治人物来讨论的。一些出生江南，但属于"阉党"的人物，如万历时南京礼部侍郎、浙江乌程人沈㴶，书中也明确将其视为北方地主集团的代表。党分南北，人却不全以籍贯分党，区分的标准只在于具体人物的政见、立场和行为。在明代许多重大的政治决策中，南人与北人的观点常相抵牾，从本质上看，这种分歧并不全是一种地方利益的冲突。梁方仲先生在讨论明代一条鞭法论战时也指出过："北人的看法与南人的看法不同，并不真正因为籍贯不同的缘故，主要还是因为南、北社会背景不同。"① 从这个意义上看，明代南北两大地主集团的政治斗争，是有深刻的经济根源和社会文化背景的。

从以上的讨论中，我们还可窥见中国传统社会政治架构的一个颇为重要的特色，即皇权与士大夫之间的对立统一关系。所谓北方地主集团，实际上是由皇权衍生出来的政治势力，他们大量占有土地的合法性，直接依赖于其政治地位，而这种政治地位又完全以皇权为根据，换言之，这股政治势力存在的合理性，来源于皇权。而江南地主集团虽与皇权、与政治地位也有密切关系，但

---

① 《明代一条鞭法年表·后记》。

相对来说，他们的经济和政治力量的存在与扩展，更多地依赖于市场活动、社会交易活动和传统士大夫文化认为合乎道德规范的途径。这股政治势力的合理性，主要根源于中国传统文化的价值系统。这两种不同的权力来源，既相互依赖、互为前提，不可分割，又经常表现出尖锐的矛盾和冲突。这两种通过一系列政治、经济斗争表现出来的文化认同，又使我们想到对传统中国的所谓"精英文化"（相对于"大众文化"）也许应该有更细致的分析，起码除了常说的"士大夫文化"外，还存在着一种比较非理性的"皇权文化"。

以往的研究大多就政治论政治，郑克晟先生则透过政治斗争的表象揭示其社会经济内涵。而读者又可从他关于政治与经济互动关系的精彩论述中获得某种文化层面上的体验。这正是一部优秀历史著作应有的魅力所在。对明代政争的更深入的研究，也许可以使人们对中国传统社会的政治结构、经济结构和文化价值系统获得更丰富的认识。从这一点看《明代政争探源》的工作，确是富于开拓性和启发性的。

# 明清土地契约文书研究的新方向<sup>*</sup>

厦门大学历史研究所所长杨国桢教授新著《明清土地契约文书研究》一书,已于1988年由人民出版社出版。作者在这部以明清土地契约文书为研究对象的专著中,既继承了业师傅衣凌先生重视民间文献的研究传统,又表现了进一步推动契约研究的系统化和专门化的努力方向。这对明清契约文书学的发展,无疑将有着承前启后之功。

这部近30万字的专著,除"绪言"和"后记"外,共有8章。第一章讨论了明清土地制度与契约关系的发展,实为全书的概论。第二、三章属专题研究,透过土地契约文书,分别考察了明清时期地权分化的历史演变和山区经济的特点。第四至八章则按行政区域作分省区域研究,分别对山东、安徽、江苏、浙江、福建、台

---

\* 本文是《明清土地契约文书研究》(人民出版社,1988)的书评,与叶显恩合撰,原载《中国史研究》1990年第1期。

湾、广东、广西八省的土地契约文书进行了具体的介绍和分析，对第一至三章讨论的问题从区域性特点的角度作了更深入的阐释。全书以宏观纵论与微观辨析相结合，取契约文书与其他文献和参证，不仅材料搜采广泛，研究方法自成特色，而且学术眼光独到，见解颇显深度，结论多有新说，在近年来国内出版的明清社会经济史研究著作中，堪称佳作。

按照我国马克思主义史学传统的研究范式，剖析封建社会的经济结构，应从土地所有制入手，故土地所有制形式及其历史变迁，长期以来是我国社会经济史研究的一个热点。基于"土地契约文书是土地权利关系的法律文书"这一认识，杨国桢先生对土地契约文书的研究，亦主要着眼于明清土地权利关系，试图透过土地契约文书反映出来的地权关系结构及其历史运动，揭示明清社会演变的底蕴。与以往许多关于中国土地制度的研究不同，杨先生没有机械地套用近代欧洲的所有权范畴来分析中国传统的地权关系，也没有纠缠于"所有""占有"之类概念的界分，而是通过对大量土地契约文书的实证性研究，理清地权关系的实态，究明中国传统社会土地财产关系的特质。

杨国桢先生对封建土地所有权内部结构运动的考察，主要着眼于所有权结构中在纵向上多层权利的分离组合。按他的理解，对同一客体的所有权，可以分割为由不同的主体享有。中国封建社会的土地所有权，就是由国家与乡族两重共同体所有权与私人所有权结合而成的。封建土地所有权的运动，表现为这几种互相结合又处于相互排斥状态的所有权之间在同一结构内地位的更替与消长，其基本的发展趋势则是私有权的上升。但在中国传统社会，土地私有权的发展，始终未能摆脱国家和乡族土地所有权的附着与制约。明清时期土地私有权的进一步发展，也没有导向地权的重新分配及向私有权的近代形态演进，只表现为地主土地私有权的进一步分化。这种分化并没有导致封建土地所有制的崩溃，却不断被纳入封建削剥的轨道，从而成为中国封建土地所有制"僵而不死"的一个重要原因。

关于中国封建土地所有权内部结构及其历史运动的这一解释模式，是本书最主要也最有新意的内容所在。围绕这一主题，作者从契约形式和内容的变化等一系列具体问题入手，进行了多方面的实证性研究，其中最值得注意的是对"一田二主"现象的考察和解释。通过对由永佃制向"一田二主"的转化过程进行深入的考察，作者指出了田面权与永佃权的本质区别，明确将田面权界定为一种所有权，把"一田二主"的发展看成明清土地所有权分化的一种基本形式。这一见解虽然不一定会完全为所有历史学家接受,但这种基于以规范实际经济关系的契约文书为对象的实证性研究而提出的见解,对澄清某些模糊的误解,深化关于明清地权关系和地主经济的演变趋势的认识,将是大有裨益的。

从地权分化组合的历史运动来考察地主经济的演变趋势,同以往常见的关于封建土地所有制解体的公式化、概念化的解释相比,显然提供了一个更深刻也更易于作实在地把握的认识角度。但其意义似乎还不仅仅限于这一点。透过地权关系分化组合的复杂形态,我们可以更深入地认识中国传统社会中财产关系和相应的财产观念的某些更基本的特质。封建时代的私有权表现为不完全、不纯粹形态,在私有权之上附着共同体所有权,是由这个社会中的个人社会地位身份化,个人不具有独立的自由的人格这一基本的社会关系决定。对于这一点,杨国桢先生已经指出了,但我们觉得在今后的研究中,还可以从这个角度去作更深入的剖析。在一个个人权利首先取决于他在共同体中的地位的社会中,绝对排他的、自由的私有权是无从成立的,在这种身份制社会里,财产关系和财产权观念,也必然根本不同于近代西方社会那种形态。在明清时期,我们可以看到不少经济现象,似乎与西欧资本主义发展早期的某些征象相类似,如土地的"自由"买卖、契约关系发达、自耕农经济的普遍、雇佣关系的发展等等。人们常常由此推论封建经济的解体和资本主义萌芽的出现，却忽视了一个重要的差别：这些征象在中国出现时，财产法权关系和个人社会地位都没有发生根本性变动，而在近代西欧，这些征象的出现，却伴随着一个私有财产与个人社会地位神圣化的过程。这一差别至少可部分地解释为什么中国的社会变迁总不能突破传统的结构，而上述征象在欧洲出现却意味着一个新社会的诞生。

由于中国历史上既没有西方那种明确地规范所有权范畴的罗马法传统，也未曾产生过像欧洲启蒙时期那样呼唤天赋人权和私有财产神圣化的思潮，因此，尽管财产关系在表层上变动不居，却总未能引起财产法权形态及观念在文化深层突破传统模式的革命性更新。《明清土地契约文书研究》一书中揭示的种种事实，诸如土地私有权一直受共同体制约，不能发育成纯粹的、绝对的形态，地权关系的发展只是导向产权的多重分割，土地财产屡卖不断，断而不死等等，实际上乃反映了中国传统社会中所有权观念的模糊性，显露出中国传统的所有权范畴同欧洲近代社会中的所有权范畴有着本质的差别。正是由于这一差别，尽管土地私有制在中国历史上很早已确立，并一直在发展，在深化，这种发展却很难导向西欧近代那样的绝对排他的完全的财产私有权。在近百年来中国由传统向近代的历史转变中,身份关系制约下的财产关系和模糊的财产法权观念,不但没有受到冲击,甚至还往往是扭曲异质新文化的一个渊薮。尽管革命经常以财产权的急剧更迭为中心,但人们对财产法权的观念却未发生近代化的转型。直到今天,产权的不确定性和模糊性,仍是中国经济向现代体制转变中难以解脱的一大困扰。从这个意义上看,对明清土地所有权内部结构及其历史运动的研究,还蕴含着相当深刻的理论和现实意义。

杨国桢先生在关于中国传统社会经济结构及明清社会变迁等基本问题的认识上,亦进一步阐发了傅衣凌先生的观点。对傅先生从公、私两个系统及其互动关系来分析传统社会经济运行的视角,关于中国封建经济的多元弹性结构的理论,特别是乡族论和关于地主经济既早熟又不成熟的命题,本书皆作了有说服力的阐发。作者一方面把契约关系的发展,契约形式的多样化,在契约内容中反映出来的人身依附关系和超经济强制的削弱,佃农经济的独立性和经营自主权的发展,地权的分化,山区商品经济发展等等事实,归结为传统地主经济已经走到顶点,以庶民地主为主干的中国地主制已发展到烂熟,甚至出现了解体的征兆。另一方面,作者着力更多的是,从契约文书及其反映的复杂经济关系中,揭示中国传统社会向近代转变的障碍所在，说明地主经济"僵而不死"的特点。作者从土地契约文书中体察到契约关系发展呈现的"弹性"；透过契约形式平等的表象，窥视到背后蕴含的社会经济关系的不平等；从契约所规定的种种权利关系中，发现了中国传统土地私有权不纯粹、不完全的特征；在认识到地权分化是对地主土地所有权的侵蚀的同时，又强调这种分化不能消灭地主土地所有权，只能成为地主阶级内部调整和更新的一种方式；在考察山区经济发展时，从这种发展的大起大落的特点，揭示了商品经济与自然经济之间的胶着状态。在这里杨国桢先生既进一步论证和丰富了傅衣凌先生建立的理论架构，又使契约文书学研究的起点，得以超越单纯文献学研究的视野，达到更高的理论层面。这对学术的发展，无疑是一富有价值的贡献。

由傅衣凌先生建立，杨国桢先生作进一步论证的上述关于中国传统社会的解释模型，同以往一些把地主经济同商品经济简单对立起来，把地主制衰落同资本主义产生视为必然同步的过程，把社会变迁的历史想象成一个直线发展过程的公式化、教条化的观点相比，在认识上显然提高了一步，而且更富有洞察力和解释力。但我们也感到，这一理论架构的一些更基本的前提，仍然未能完全摆脱关于历史发展的线性决定论的逻辑，而且，由于这种解释所使用的概念系统的局限性,其中蕴含的某些新的认识倾向未能更准确、更清晰地表达出来。我们注意到傅衣凌先生在他的最后遗作《中国传统社会:多元的结构》①一文中,已显示出试图将自己过去建立的解释模型置于一个更科学的认识论和方法基础之上。在我们与杨国桢先生的交往中,亦了解到他也在更新思维方式和学术观点方面,继续作新的探索。这一著作既已在一些问题突破了过去的教条化的研究范式,就一定会成为作者今后进一步更新和完善上述理论体系的新起点。

---

① 《中国社会经济史研究》1988年第2期。

## 家族研究的新范式 *

在中国传统社会的研究中，家族制度是一个具有恒久魅力的课题，近年来更有向纵深推进的趋势。在中国大陆，一度沉寂的传统家族制度的研究，近年来更成为新的热点，几年时间里已经有多部专著问世。这些著作是作者多年研究的心血，它们几乎同时出版，多少反映了中国史学发展趋势中一种值得注意的动向。

这几部专著有一个共同的特点：就是尽管它们基本上没有真正脱离过去历史学研究中国家族史的分析架构，作者对西方社会科学（特别是人类学）近30年来对中国宗族的研究成果也稍嫌缺乏足够的了解，但多数作者显然都力图通过对家族制度的研究，突破教条式史学研究传统的局限，寻求解释中国传统社会结构的新视点和新途径。在这一意义上，十分引人注目的，是厦门

---

\* 本文是郑振满著《明清福建家族组织与社会变迁》（湖南教育出版社，1992）的书评，原载《东方文化》第31卷第2期，1993年。

大学历史系副教授郑振满博士的《明清福建家族组织与社会变迁》一书。该书史料翔实,是一部以分析细微、思辨深邃、逻辑严密见长的专题研究著作。

为了深入分析福建不同地区的宗族组织,作者首先力图建立自己关于家族组织的理论解释体系。作者颇具创意地把家庭和宗族纳入同一分析架构,从家庭结构及其演变周期入手,通过分析周期性的家庭裂变趋势,说明宗族发展的血缘基础,再通过考察宗族的运作机制,揭示了宗族结构的演变与社会历史环境的关系,进而以宗族结构中的血缘和地缘关系、政治关系以及利益关系为根据,将传统宗族组织分为三类,即"继承式宗族"、"依附式宗族"和"合同式宗族"。作者分析了这三类宗族组织的基本结构和功能,建立起一个家族组织(从小家庭到合同式宗族)的演变趋势和发展逻辑的理想化模型。在这个模型里,始祖(不完整家庭)、小家庭、大家庭、继承式宗族、依附式宗族、合同式宗族排列在一个从低级到高级地循序渐进到连续序列之中,但在这个连续序列的每一个较高级的阶段,又会派生出较低级的家族组织,呈现周期性的回归趋势。这个理想化的模型逻辑严密清晰,表现出作者努力使家族史研究更为社会科学化的一种追求。

全书最重要的讨论,也许在于作者将这样一个理想化的理论模型，运用于福建不同地区宗族发展进程及其特点的分析中，阐明了这个模式在不同的社会生态环境影响下，如何展现出不同的形式和不同的历史过程。作者着重考察了闽西北山区、闽东南沿海和台湾三个地区。作者认为，闽西北山区在社会环境相对稳定的条件下，宗族聚居规模较小，比较清楚地反映出从继承式宗族到依附式宗族再到合同式宗族的内在演变趋势。在闽东南沿海地区，频繁战乱的冲击使聚居宗族经历了多次的解体和重建，在宗族组织的重建中，继承式宗族发展一般迟于依附式宗族和合同式宗族。而作为一个移民社会，台湾早期的宗族组织主要是根据原籍的宗族关系结成的合同式宗族，后来在"土著化"的过程中形成以"开台祖"为中心的继承式宗族，然后再在继承式宗族和合同式宗族的基础上形成以士绅阶层和豪强之士为首的依附式宗族。

这一模型和分析架构，基本上是在功能分析方法的基础上加上明显的进化论的解释，可能会引出种种批评。许多对中国宗族社会有深入研究的学者也许很难接受这种分析的方法。书中根据宗族的内部关系把现实中十分复杂的宗族加以类型化，固然可以帮助读者清楚地了解明清时期宗族的内部结构及发展趋势，澄清一些关于中国宗族的误解，但这种类型化的方法也必然包含了简单化的危险。中国传统社会实际存在的宗族组织，往往是继嗣关系、合同关系和依附关系复杂地扭合在一起，研究者作类型化分析时，可能会多少妨碍了揭示这些关系的更为复杂的层面。尤其是作者企图把不同的类型排列在进化的序列之中，更可能对读者产生某种误导。

然而，学术研究的价值往往不一定取决于理论在多大程度上能为读者接受。本书的贡献，似乎不在于作者的理论的正确性，而在于提出的问题、分析的方法乃至理论的建构，在大陆地区家族制度史研究的传统框架中，表现出明显的批判性和创新倾向。作者努力在大陆地区的史学规范下，开创一种新研究风格。与许多讨论中国传统家族制度的著作不同，本书没有局限在史学研究中惯用的范畴，对中国传统家族组织作简单的概念化讨论，而是深入地分析了福建（含台湾）不同地区的家族组织的实态。作者没有像大陆过去许多研究那样，只满足于揭示宗族制度的所谓封建性本质，而是具体地讨论了福建家族组织的内部关系。全书考察的重点，不是要证明家族组织作为地主经济的一种形式或封建政权的组成部分，而是试图通过对不同的宗族组织的考察，分析其基本结构和功能，阐明明清时期福建地区家族组织的基本类型、演变趋势及其与社会变迁的关系，本书从而呈现出与以往中国大陆地区其他研究明显不同的研究旨趣和风格。

本书最有特色之处，是作者把微观的实证性研究与宏观的理论建构十分紧密地结合起来。作为傅衣凌教授的弟子，郑振满力图从家族组织这个重要的课题入手，进一步完善和深化傅衣凌教授关于中国传统社会变迁的理论和解释。特别是在第五章家族组织和社会变迁的讨论中，我们看到，作者透过家族组织的演变，指出了明清时期中国传统社会变迁中宗法伦理的庶民化、基层社会的自治化和财产关系的共有化等趋势，都是在傅衣凌先生所建立的理论架构中展开的，读者需要在傅衣凌先生关于中国传统社会的弹性的多元结构的理论基础上来理解。在研究风格上，作者也继承了傅先生的学术传统，书中有意建构了一个具有独创性的理论解释体系，但绝没有像时下中国大陆地区流行的"新潮"书籍那样，充塞着浮泛的空论。恰恰相反，作者在书中用了绝大部分的篇幅，细微地分析他多年在福建收集的公私藏文献。作者给我们提供了许多精彩的个案，大部分是读者难以看到或以往的研究者不重视的资料。在数据的利用上，作者着力于对各种文字记述所反映的内在关系及意义作细致的分析，而不是简单的罗列或随意的引证；作者努力运用西方近代社会科学研究中的抽象化、概念化的逻辑分析方法来处理数据和建立理论，从而与中国传统史学所惯用的以直觉体验为基础的表意性描述方法表现出不同的取向。

不过，也许正是由于作者对自己所建立理论解释体系的完美性和分析逻辑的严密性的追求过于执着，本书留下了许多可以进一步讨论的空间。用不同的方法研究不同地区的家族组织的学者，难免会对本书提出种种批评。不过，读者也不难发现，即使在一些结论可能不完全被接受的讨论中，也隐含着作者许多独到的甚至是精辟的见解和思想。郑振满的这一著作，是在中国家族制度史的研究领域建立一种新研究范式的探索，表现了中国大陆学者从史学传统中走出一条新路子的努力。任何希望对中国传统社会的家族制度作更深入研究的学者，都可以从郑振满的这一研究中得到许多启发。

# 经济史研究的科学化追求与人文关怀*

10多年前,当中国历史学从"影射史学"的噩梦中缓醒过来时,全社会对过去一段时期肆意践踏历史真相的做法深恶痛绝,渴望客观的真实的历史。"还历史以本来面目",成为1970年代末以来史学研究的一个基本出发点,这种基于中国史学"秉笔直书"传统,加上"五四"以来西学东渐过程中"唯科学主义"的深刻影响而形成的关于历史客观性的信念,虽然不同于西方19世纪经验主义史学对历史事实的崇拜,其学术背景亦有异于西方以"新经济史"学派为代表的计量历史学,但由此反而更容易和更直接地导向对史学科学化的崇尚和追求。许多努力于建立新的史学规范的研究者深信,只要掌握了历史的真实,通过科学的理论和方法,就可以

---

\* 本文是陈春声著《市场机制与社会变迁——18世纪广东米价分析》(中山大学出版社,1992)的书评,与郑振满合撰,原载《历史研究》1995年第4期。

建立起科学的历史学。在这种对科学化的追求中,基于国人历来对技术科学的偏好,研究者首先自觉追求的,也自然是研究技术和手段的科学化。在史学研究中采用"新方法"的尝试,大多偏重于技术层面。特别是在经济史研究领域,不少研究者检讨了过去偏重依靠描述性资料进行定性描述,而忽视利用可以量化的资料作"定量分析"的研究偏向,对经济史研究的计量化表现出极大的兴趣。陈春声同志新近出版的《市场机制与社会变迁——18世纪广东米价分析》一书,可以视为这种努力的一部分。令人感兴趣的是,这项10年前出于作者对科学化的追求和计量研究的迷恋而开始的研究,其最终成果同时又表现出了明显的人文关怀的色彩。

该书最显而易见的特色,是运用数理分析方法和电子计算机处理了大量的粮价数据,并以计量方法作为全书分析构架的主要支点。80年代以来中国经济史研究对计量方法虽然表现出极高的兴趣,但许多计量研究的尝试一般只限于数据的收集编排和数字的描述,很少进一步利用数理分析手段来扩大计量分析的范围。这既是由于我国经济史研究群体的学科训练和学术传统的制约,也与中国传统的史料中相对缺乏可供直接利用的集合性数据有关。该书用作统计分析的数据主要是清宫档案和地方志中的粮价数字,这些数据使作者有可能自如地运用回归分析、相关分析、方差分析等统计方法处理这些数据，依靠这些统计分析的结果，证实（或证伪）根据直观或逻辑推论做出的判断和假设，得出不能依靠直观获得的结论。

作者运用统计分析方法主要体现在以下三方面：一是通过米粮产区差价的计量分析，结合丰富的描述性资料，勾画出岭南区域米粮市场的运作情况。二是通过米价的季节变动和米价变动的同步性的分析，论证了岭南区域米粮市场在保证米粮均衡供应方面的有效性和市场整合的程度。三是通过对米价变动的长期趋势的回归分析，证明了18世纪广东米价持续上升的趋势。不难看出，这些对米价数字的计量研究，已经涉及了清代市场发育和运作的一些基本的问题。作者在这些问题上通过计量分析所得到的结论或判断，有些是通过描述性资料直观地了解到的，如米价的长期上升趋势；有些是通过其他资料凭直感做出判断，但由于描述性资料的不确定性，不同的研究者据以做出的判断可能会大相径庭，如关于市场的整合程度，只是根据文字资料的叙述，根本就无法量度和把握。但无论如何，由于作者在论证这些问题时不仅引述了大量的描述性资料，而且有对大量数据进行的科学计算结果，作者的结论也就具有了更强的科学化色彩。这一点向我们展示了在经济史研究中运用计量方法的科学化的力量。

陈春声关于18世纪广东米价的研究，在数理统计方法运用上的成功，奠定了本书在中国经济史研究的科学化道路上的地位。然而，计量研究是通向科学化的重要一环，不等于说使用计量本身就意味着科学化。陈春声在这部著作中表现出来的对科学化的追求，并不只是表现在研究中运用了计量分析手段。我以为，最能体现本书在方法论上的科学化追求的，并非那些枯燥的粮价数字和具有科学美感的公式图表本身，而是由此体现出来的真正科学分析的精神。其实，计量分析不仅仅是一种验证某种判断的论证手段，而且也要求研究者同时改变自己的研究范式，从而表现出与传统史学方法不同的研究风格。在陈春声的书中，我们看到作者的数据处理和计算是建立在研究方法整体革新的基础之上的。对经济理论和数学模型的依赖，是作者所采用的研究方法不同于传统史学方法的一个基本特色，但作者并没有被理论模型束缚自己的思考和观察。同时，全书采用了抽象分析和严密逻辑推理的论证方法，并在分析过程中作了假设和猜想。这种分析方法不仅仅表现在作者对数字和计算结果的解释上，也表现在作者利用描述性资料所作的分析上，更精彩的是表现在作者将计量的结果和描述性资料结合起来所作的综合性分析之中。

本书关于清代区域市场的考察，不仅仅采用了新的研究手段，更提出了许多新的问题，大大超出了过去用传统方法研究经济史所关心的范围。有些问题更是由于计量方法的采用才得以提出。如书中的一些颇为关键的范畴，如"市场的有效性"和"市场的整合程度"之类，就是由计量经济史研究引出来的。至于一些分析概念，如季节变动和米价变动的同步性之类，更是直接来自数理统计方法。一项成功的计量经济史研究，总是由计量方法的采用扩大研究的视野，从而引出新的问题，进行新的理论解释。

实际上，仅就计量方法而言，作者在研究米粮市场时采用的统计分析方法，基本上是从 Lawrence Anthong、李中清和全汉昇等人的研究中得到借鉴和启发，作者本人没有太多的创新。但作者从米粮价格分析入手所展开的关于清代市场运作的研究，从研究的视野、分析的方法到理论解释，都在前人研究的基础上向前推进了一大步。作者吸收了国外中国经济史计量研究的开创性成果，同时也继承了国内社会经济史研究的传统，把社会科学的分析方法与历史学的文献解释方法结合起来，建立起一种具有独创性的关于传统市场发展的研究范式。这个研究范式在计量经济史研究中引入人文主义的关怀和人文科学的方法，将纯经济学的问题放到社会文化的整体结构中考察，将计量研究的结果置于更广阔的社会文化视野中分析定位，从而表现出了对计量经济史研究规范的超越。

深受经济学理论和研究范式影响的经济史研究常常会过于专注物的关系而相对忽视经济过程中人的活动，尤其是一些崇尚理性化和科学化，力图使这门学科成为像自然科学那样精确的科学的研究中，更是会迷失了作为经济活动主体的"人"，这也是计量经济史常常会受到批评的一个原因。不过，在陈春声的这部著作中，"人"不但没有被排除在作者的视野之外，相反，"人"所受到的重视甚至超过了一般的经济史研究。作者一开始就将清代广东缺粮问题与广东人在特定社会经济环境下的有目的的经济选择结合起来考察，在讨论到米粮市场的运作时，作者又将注意力放到了参与这个市场运作的商人、农民、政府、官吏、士绅各色人等的行为上，试图将根据米价变动所作的统计分析的结果与各种社会势力的有目的行为结合起来考察，揭示清代广东米粮市场运作的内在矛盾，以及由这些内在矛盾所决定的市场的性质和导向性。作者用大部分的篇幅讨论人和政府在市场运作过程中的行为及其作用和影响，这些讨论依赖于对米价数据所作的统计分析，是计量研究的顺理成章的延伸，同时又避免了计量研究可能存在的盲点，校正了由于计量方法的局限性而可能引起的对统计结果的误读。该书关于18世纪广东米价上升的社会后果的分析就是一个明显的例子。作者没有像一些受形式主义经济史影响较深的学者那样，力图建立一个计量模型来说明这种关系，而是明智地指出："我们无法把社会变化的各个方面都变成量化的指标，与物价变化趋势进行比较。而且，即使这样做，对比较结果的解释仍然可以是多种多样的。"然后，作者以大量的描述性材料分析了雇工与雇主，土地所有者与官府、军人和商人在物价变动中相互关系的变化，从而说明："由于不同社会阶层和社会集团对资源、财富和机会占有的不均，物价上升对他们的影响有很大差别。"这种分析构架，明显有别于只依靠分析经济指标考察物价变动对一般经济因素的影响的做法。对经济数字的计量的结果同对人的活动的观察互相参正、互相补充，使书中通过计量分析所揭示出来的经济过程和在特定历史空间下的人们的活动在作者的历史认识中叠合成为一个有机的历史的过程。

　　该书关于仓储的研究，是最见作者见识与功力的一部分。作者运用计量分析方法，证实了清代各种仓储制度对米价变动的直接影响其实并不像一般想象的那么大；接着作者就把仓储从一个经济范畴转换成一个与社会控制有关的社会和政治的范畴，进而从市场与仓储的关系入手揭示了清代基层社会及其与国家权力关系的变化。在关于士绅与粮食流通的问题上，也表现出类似的旨趣。作者没有将自己的视野仅仅局限在士绅的行为如何影响经济生活这个大家熟识的角度，而是更多地将注意力放到士绅与粮食市场有关的行为本身，透过从这些行为所反映出来的士绅的价值追求以及士绅与市场运作的关系，揭示出清代市场运作的内在矛盾。

无论是就严格意义上的计量经济史研究而言，还是从经济史与社会史结合的趋势来看，本书的研究都是富有创意的。作者既借鉴了国外计量经济史研究的成果，又没有简单地模仿西方新经济史的模式，呈现出鲜明的本土色彩，在一定程度上实现了对西方新经济史的超越。尽管本书不可避免地还显得有点幼稚，有些地方甚至略有粗糙之感，但作者的努力使中国经济史的计量研究从一起步就建立在一个较高的起点上，拙文对本书的所有批评，都只是希望作者从这样一个起点出发攀上新的高峰。

# 开放的历史及其现代启示*

作为国内出版的第一部运用世界体系理论来研究中国近代化进程的历史社会学著作,美籍华人苏耀昌博士的《华南丝区:地方历史的变迁与世界体系理论》(以下简称《华南丝区》①)一书,不但较详细地介绍了国内学术界还比较陌生的世界体系理论,而且通过运用这一理论分析一个地区的社会历史发展过程的尝试,向我们展现了世界体系理论用于研究中国社会变迁的长处和魅力;不但在历史研究领域,也在社会科学的理论探索中,为学术界贡献了一份有价值的成果。我认为,对于希望就开放的内涵,开放与社会变革之间的联系,一个区域以独特的社会形态影响开放进程的限度和方式,开

---

\* 本文是苏耀昌著,陈春声译《华南丝区:地方历史的变迁与世界体系理论》的书评,原载《农村经济与社会》1988 年第 5 期。
① 〔美〕苏耀昌:《华南丝区:地方历史的变迁与世界体系理论》,陈春声译,叶显恩校译并作序,中州古籍出版社,1987。

放之后的区域社会对世界体系动态的反应模式等问题，进行既有理论深度，又富于历史洞察力的思考的人来说，该书很值得一读。

一

在《华南丝区》一书中，苏耀昌博士以一个区域卷入世界体系及随之发生的社会经济变动过程的历史顺序作为分析的逻辑构架，依次考察了"卷入"以前珠江三角洲地区的社会形态，卷入资本主义世界体系的过程，农业的商业化、工业化、无产阶级化的途径和周期性发展的模式，由此向人们展现了中国传统社会对外开放历史的一个重要的侧面。

按照作者的理解，珠江三角洲蚕丝产区在"卷入"以前的社会形态，是封建秩序解体以后的"士绅地主制"，士绅借助于宗族组织的形式，加强了本阶级在地方上的政治地位和经济实力，形成了以士绅为中心的地方阶级关系和阶级斗争的独特结构。这种结构对后来这一地区卷入世界体系的方式产生了深刻的影响。

接着，苏耀昌博士考察了珠江三角洲地区卷入世界体系的过程。他指出，这一地区士绅力量的强大及复杂的阶级斗争，使得卷入过程显出其复杂性。在1830年代，珠江三角洲蚕丝产区发生了没有政治卷入的不完全经济卷入，而在 40 年代，则由于地方势力对外国入侵的抵抗而使"卷入"过程受挫，其结果是该地区阶级矛盾的激化，引发了 50 年代的红巾军起义。地区内部的阶级斗争又使该地区以士绅主动地发展蚕丝业的特殊方式，重新卷入世界体系之中。这一特殊的卷入方式直接影响着"卷入"以后该区域社会经济的发展过程。

"世界体系理论"是美国著名社会学家沃勒·斯坦（Waller Stein）在 70 年代初提出的一种用来解释资本主义的产生和发展，考察当代世界各部分之间的复杂联系及其动态变迁过程的社会科学理论。它在现代化理论中占有重要的位置。世界体系理论认为，资本主义的产生和发展，从一开始就是资本主义世界体系形成和扩张的过程，在这一过程中，发展的不平衡把世界划分为相互联系的三种类型的社会，即所谓"核心""边缘"以及介乎于二者之间的"半边缘"。世界体系由这三部分有机结合而成，它们的相互关系不但影响着世界体系的动态，也制约着各个局部地区的政治经济和社会发展的形式和方向。

一个区域卷入资本主义世界体系之后，经济上的转变首先表现为农业的商业化。作者指出，虽然在"卷入"以前，该地区的商业化已有了广泛的发展，但"卷入"却促使这一地区的农业结构从面向国内市场的多种经营,转变为以出口为目的的单一蚕丝业经济。在该区域独特的生态环境、蚕丝业生产过程的特点及市场关系等条件下,士绅势力的强大又使得该区域的农业商业化走上了一条被作者称为"小生产者商业化"的道路。在这样一种商业化模式下,市场关系造成了小生产者的矛盾,从而冲淡了阶级对抗,使士绅的统治地位更为稳固。

随着商业化而发生的是工业化。作者以19世纪后期南海、顺德两县乡村中的缫丝工业为中心,讨论了边缘地区工业化的条件和特点。他指出,清末华南蚕丝产区的工业化既受国际市场条件支配,亦受当地的社会政治状况的制约,因而边缘地区工业化的道路与核心地区有明显不同的特点。

该书对华南蚕丝产区的无产阶级化过程的讨论,是以所谓女工拒婚的"女权运动"为中心展开的。作者认为,这一地区无产阶级化的早期,缫丝女工还没有形成自己的阶级意识,她们借以对自身恶劣环境进行反抗的方式,是一种独特的以拒婚形式出现的女权运动,而这一运动却缓和了阶级斗争。

作为一个边缘地区,华南蚕丝产区的工业化从20世纪初开始进入了下降阶段。该书从世界体系动态与地方阶级关系两方面因素的相互作用,考察了蚕丝工业衰退的动因：一方面是国际市场供求关系和价格的变动，另一方面是地方士绅的非法化，土豪的形成，农民和工人阶级斗争的加剧，企业家追求短期利润的心理倾向，资产阶级软弱无力，缺乏有权威和有能力的政治权力的支持等等。这种种因素的合力，使华南蚕丝产区的蚕丝工业在1930年世界性经济危机中受到致命的打击。

二

与国内理论界讨论"对外开放"概念一般多局限于单纯经济学意义不同，世界体系理论具有浓厚的政治学和社会学色彩（这并不意味着这一理论忽视经济分析）。这一差别是耐人寻味的。对于今天许多中国人来说，"对外开放"只是同进口洋货、引进技术和资金、出口创汇相联系的概念。但从完整意义上讲，所谓"对外开放"，是顺应世界一体化潮流的抉择；而世界一体化不仅是一种物质利益流动关系，而且是人类社会理性化的必然。世界体系对地方社会的影响，除了表现为生产方式的变革外，还会建立起一种新的经济秩序，改变地方社会的权力结构和控制方式，改变人们的价值观念和生活方式。《华南丝区》对19世纪后期珠江三角洲地区社会变迁的考察使我们看到，"卷入"固然为这一地区带来了经济的繁荣，但同时也强烈影响着这一地区的政治过程，改变了这一地区的社会结构和文化现象。而与此同时，地方的政治关系、社会形态及文化传统又对"卷入"的方式和程度产生深刻的影响。

正是由于"卷入"不是一个单纯的经济行为，所以"卷入"以及之后发生的地方社会经济的变迁，也不是一个自然发生的、可以简单同化为资本主义经济的过程。地方的政治和社会关系，导致"卷入"和经济改组的道路、方式具有多种多样的选择。我们从《华南丝区》一书中也确实看到珠江三角洲在19世纪后半期经济和社会变动中呈现出的许多特色，如农业的商业化走上了一条小生产者商业化的道路，在没有发生大规模地对农村居民的剥夺的情况下，发展起边缘地区工业化的特殊模式，原来的社会结构和权力结构似乎在新的基础上更为稳固等等。这些具有鲜明特色的"卷入"方式和地方发展模式，很显然是在地方社会形态、阶级关系和文化传统的影响和制约下形成的。《华南丝区》一书对珠江三角洲地区早期的"开放"与社会经济变迁的考察和分析为我们阐明：一个地区卷入世界体系的过程以及其后的发展，并不完全是被动的；地方社会的内部因素并非无所作为，而是深刻地影响着地方社会经济发展变化的方向、道路和具体方式。

在制约地方发展进程诸因素中，最受作者关注的是地方精英对世界体系动态的反应方式。在"卷入"过程和"卷入"后地方发展的每一个进程中,士绅的政治态度、价值取向、心理倾向、行为方式以及他们的社会地位和影响力的变化等,都被作者放到了一个很重要的位置来讨论。尽管在某些具体的问题上,也许过分夸大了士绅的作用,但重视地方精英作用的思路却是很有道理的。以往国内的近代史研究对精英的作用较少作理性的分析。其实,地方的文化传统、社会形态、政治状况,以及下层民众的行为对地方发展的影响,很大程度上是通过地方精英的行为来实现的。地方精英的反应实际是近代化过程中传统因素作用的集中体现。作者对地方精英的行为分析也颇值得注意:地方精英一方面受传统的制约,另一方面又能够突破传统而行动。当一个地区卷入了世界体系之后,世界体系动态的作用也会在一定程度上改变地方精英的价值观念和行为模式。地方传统与外来影响之间复杂的相互作用是透过地方精英的行为表现出来的。

与一百年前珠江三角洲地区的农村商业化和工业化是在士绅的推动下发生的特性相似,今日中国农村的商业化和工业化也是在以原社队干部为主体的地方力量的推进下进行的。在一些地区,许多昔日的社队干部正在积极地推进开放与改革事业。他们的文化素质、心理情感、价值观念、利益关系等正在左右着各地的开放和改革进程，决定着地方社会经济发展的道路和方式，从而形成不同地区之间的差异。同时，在他们身上积淀的传统文化因素，仍时时处处影响和制约着他们的行为。从他们的行为中，我们可以看到地方社会卷入世界体系的程度（即所谓"开放度"）与地方传统之间如何相互作用，影响着地方社会变革的进程。诚然，世界经济文化对地方社会的渗透，也会培养出新一代精英，他们也许较少受传统的影响。但如果原来的地方力量仍足够强大，新一代精英就不可能以取代原有力量的极端方式来推动社会变革。因此，传统精英自身的改造，他们的价值观念和行为模式的转向，也许比地方权力结构的改组更为现实，甚至更易显出短期效果。但这样一来，也就潜在着另一种可能性，在一定条件下可以作出积极反应、起到积极作用的传统精英，并不一定就具有能适应世界体系动态变化的素质，他们一些似颇能收一时之功效的行为，也许潜藏着更大的危险性。对此，《华南丝区》一书所揭示的由19世纪后期至20世纪初珠江三角洲经济的盛衰变化，很值得玩味和深思。

三

虽然地方势力的作用很受作者的重视，但这种作用是放在与世界体系动态的相互关系中考察的，两者之间复杂的相互作用如何影响着"卷入"的过程、决定地方发展的道路和具体方式，是全书的分析焦点。这种对相互作用的分析使作者在关于资本主义对中国的渗入是积极还是消极，地方势力对世界体系的反应是进步还是反动等问题上，避免了非此即彼的判断。作者对两者的关系没有停留在勾结还是反抗之类的道德评判层面上，而是深入分析了这种关系对历史进程的影响。

《华南丝区》对于世界体系与地方阶级关系如何相互作用，如何影响地方发展进程的考察，最精彩、最具分析力的，大概要数关于周期性发展的分析了。作者认为，世界体系动态对地方社会的影响，很典型地表现在国际市场供求关系的不平衡变动和价格波动的冲击方面，而这种不平衡状况，往往是以更多地牺牲边缘地区的利益来调节的。因此，在周期性发展中，边缘地区一般会发生比核心区更大的波动。20世纪初珠江三角洲蚕丝生产的下降，就是充当了这种周期性变动的牺牲者的结果。苏耀昌博士从多方面讨论了这一区域之所以成为发展不平衡和周期性变动的牺牲者的原因，其中最着力分析的是20世纪初华南地区政治状况和阶级关系变化的影响。不过，对于当代中国的读者来说，他在开始这一分析之前先指出的蚕丝业衰落的一系列直接导因，大概更值得注意。因为书中列出的种种因素,有不少在今天仍以不同的方式,或在不同程度上表现出来。

按照苏耀昌博士的观察,20世纪初珠江三角洲蚕丝业衰退的原因,从自身来看主要有:几十年来没有大的技术革新,缫丝方法逐渐落后于日本;在工厂经营方面,普遍存在资金不足的问题;由于资本不足,缫丝工业家经常租赁,而不是自建缫丝厂,因此,工业家的经营缺乏长期打算,使蚕丝业成为一种投机生意。"总之,把利润全部分完,不留储备金的做法,以及工业家与缫丝厂所有权的分离,使蚕丝工业家无法追加投资,扩大蚕丝生产……又反过来导致技术落后和蚕丝产品质量的下降,进而助长了牟取短期投机利润的倾向,陷入恶性循环。其追求眼前利润的倾向,是以牺牲不断改善生产设备、扩大再生产为代价的。其结果是:在世界蚕丝市场上竞争能力的削弱和生丝价格的下跌。"① 这里所指出的弊端,在今天不少实行承包制与租赁制的企业中也同样存在。虽然这不一定是承包制与租赁制的必然产物,但这些弊端在历史上对广东蚕丝业经济的危害,是不应忘记的。

在外部原因方面,除国际市场价格的大幅度波动、中国在世界蚕丝市场上的优势地位被日本取代及发生世

---

① 《华南丝区》,第199页。

界性经济危机等原因外，作者还指出了广东蚕丝业与国际市场关系的一些结构性缺陷：蚕丝业受外国出口商行的操纵和控制；中国蚕丝工业家与世界市场处于结构性隔绝状态，对世界市场一无所知；中国的许多蚕丝工业家的注意力从蚕丝生产转到蚕丝贸易上；等等。这些结构性的缺陷，无一不与自身的落后状态密切相关。可见，外部因素的作用亦往往取决于内部的因素。由此我们可以获得这样一种认识：世界经济发展的不平衡和周期性变化，是一种必然，而对于一个特定的地区而言，是否必然成为世界体系这一动态过程的牺牲者，并不完全是被动的。如果能通过调整和完善自身的经济机制，提高适应能力和应变能力，就有可能避免成为被动的牺牲者或减少世界体系动态的消极影响。今日的中国，在世界体系中仍处在边缘地位，要想不成为被动的牺牲者，就必须形成和健全一套能够主动地适应世界体系动态的机制。

四

一部有价值的学术著作，并不只有真知灼见才对读者产生启迪，一些不可避免的失误或缺陷，也可以把读者引入更广阔的思维空间，让读者在批判性的思考中得到启示。因此，指出《华南丝区》的某些不足，同样是有益的。

我认为，该书的长处，是把地方历史的发展放到世界体系动态的广阔背景中考察，强调从世界体系与地方社会之间复杂的相互作用中了解地方社会的变迁。但作者在进行这种相互作用的分析中，仍有不能完全令人满意之处：视野过于偏狭，分析时有牵强，一些见解亦不免偏颇。譬如，作者虽十分强调世界体系动态对地方发展的影响，但对这种影响的讨论却过于一般化；书中论及的世界体系动态，往往简化为国际市场（甚至只限于蚕丝市场）的供求关系和价格变动，而对世界体系动态的其他方面，如近代西方文化的渗透，国际政治形势的变化、国际金融等，均很少具体论及；在关于地方社会的反应的考察中，作者以阶级斗争取代了对复杂的社会结构的分析，对于超出阶级关系之外的其他社会关系，如传统经济模式、传统法律制度和法权观念、地方习俗、传统生活方式、价值体系、心理倾向等，虽时有提及，但显然未得到足够的重视。诚然，阶级斗争的影响是十分明显和重要的，书中对阶级斗争的分析也不乏精辟之处，但阶级斗争只是一种表象，如果缺乏对阶级斗争现象背后的社会形态和文化传统的深刻了解，则很难避免认识的肤浅和片面，甚至会导致错误的认识。

也许不能不提及书中另一个失误，即作者在讨论无产阶级化时对顺德县一带的"自梳女"和"不落家"现象的认识。作者把这两种现象称为女权运动,并认为是缫丝工业兴起的产物。虽然这种见解一直很流行,但却经不起推敲。事实上,"自梳女"和"不落家"是一种相当古老的遗俗,其流行的范围也不只限于工厂中的缫丝女工,在农村中(很典型的如在没有机器缫丝业的番禺县)亦相当流行。究竟是这些古老遗俗使机器缫丝业更易获得女工来源,还是机器缫丝业强化了这种遗俗,很难用一种机械的因果关系去解释。但至少可以肯定,这一现象不是无产阶级化的产物。另外,这种现象究竟是一种女权运动,意味着妇女解放,还是在古老遗俗和封建礼教的双重压迫下妇女人格的扭曲,恐怕也不应仅仅从表象来作判断。本书在这一问题上的失误,似乎很能说明作者对文化传统缺乏深刻的了解,因而难以避免某些偏颇之见。

尽管如此,作者在运用世界体系理论来研究地方历史发展方面,仍然作了一次成功的尝试。在国内出版的为数极少的研究近代中国社会变迁的著作中,苏耀昌博士的《华南丝区》令人耳目一新,对现实理论探讨亦富有启迪意义。对于一部学术著作来说,这已经足够了。如果人们还能从它的不足之处找到进一步研究的方向,那正说明它在学术发展的道路上,已经占有了一席之地。

# 继承梁方仲的学术遗产*

《梁方仲经济史论文集补编》于 1984 年 7 月由中州古籍出版社出版了。梁方仲教授是我国著名的社会经济史专家。从 30 年代起，他在中国古代社会经济史研究领域辛勤耕耘，做了大量开拓性工作，留下了约 200 万言的经济史著述。这些著述以资料翔实，论证严谨，论断中肯，经得起时间的考验而受到了国内外学者的推崇，直到今天仍有着相当高的学术价值。由于梁方仲教授的著述大多散见于较早期的报章杂志，查找参改，常感不便。将这些著述搜集起来结集出版，是许多学者盼望已久之事。为方便读者查阅梁方仲教授留下的珍贵著述，以促进中国古代社会经济史研究的深入开展，并作为对梁方仲教授学术业绩的纪念，中华书局已决定将梁方仲教授的主要论著编为《梁方仲经济史论文集》（以

---

\* 本文是《梁方仲经济史论文集补编》（中州古籍出版社，1984）的书评，与汤明檖合撰，原载《中国社会经济史研究》1985 年第 2 期。

下简称《论文集》），分上、下册出版。现在我们看到的由中州古籍出版社出版的这部集子，则是从梁方仲教授的另一些论文中再挑出20多篇编成的，故定名为《梁方仲经济史论文集补编》（以下简称《补编》）。作为《补编》，所收论文大多不是梁方仲教授代表作，但这些论文仍有很高的学术价值，有些还开拓了新的领域，提出了新的创见，包含了不少直到今天仍富有启发的见解，很值得一读。

明代田赋史，是梁方仲教授用了毕生的精力刻苦钻研的主要课题。本书所收论文也以这一专题为多。在明代田赋史中，最重要的事件莫过于明中后期发生的一条鞭法改革，梁方仲教授的研究，就是围绕着这一中心课题展开的。他在这方面的代表作《一条鞭法》《明代一条鞭法年表》等已收入《论文集》。《补编》继续收入直接讨论一条鞭法的论文两篇，即《一条鞭法的名称》和《跋〈洞阳子集〉——兼论明隆万间江西一条鞭法推行之经过》。前者是梁方仲教授关于一条鞭法的各个方面的一系列论文中的一篇，专就一条鞭法的名称进行讨论。该文的用意并不仅限于名称的考订，而是要通过对各地推行一条鞭法时使用的不同名称的考察，说明一条鞭法在不同时期，不同地区推行时名称不一，改革的程度和办法亦有种种差异，有名同实异，有名异实同，但其立法精神却是一致的。这一考察在关于一条鞭法的研究中无疑是不可或缺的。《跋〈洞阳子集〉》不同于一般的题跋文字，它实际上是关于江西推行一条鞭法经过的深入研究的论文。明人万恭撰的《洞阳子集》是藏于日本宫内省图书寮的稀世珍本，其中关于一条鞭法推行于江西之情形，是作者以身当其事之人记当时之事，记述系统详明，"足以补史传之阙，诚为不可多得之材料"，其价值远非后出史料之可比。梁方仲教授在文中引录了他在1937年赴日本考察时从该书摘抄下来的有关史料，并据此对一条鞭法在江西推行之经过始末作出深入的研究。文章无疑有着其他关于一条鞭法的论文所不能代替的特殊价值。

梁方仲教授虽以一条鞭法为其研究的中心课题，但并没有把目光只局限于一条鞭法本身，而是对明代田赋史上的其他问题亦进行了广泛的研究，并多有发现。收入《补编》中的关于这一方面的论文有《田赋输纳方式与道路远近的关系》《易知由单的起源》《明代的预备仓》《明代的民兵》等等。《田赋输纳方式与道路远近的关系》一文很能反映出梁方仲教授观察问题的独到眼光，文章揭示了田赋输纳地点距离的远近对输纳物的精粗、税率的轻重等方面的影响。在田赋史上，对货币税的发生和发展，各种土地和人户赋税负担的轻重以及封建政府田赋蠲免政策等等重大问题的研究都不可不考虑到这种影响，而这又是常常容易被人忽视的。梁方仲教授在研究田赋史时，十分重视搜集有关的实物证据材料，如黄册、鱼鳞图册、易知由单等等，并结合文献资料对这些材料进行深入的研究。已收入《论文集》中的长文《易知由单的研究》可以说是这方面的代表作。《补编》中又收入了他的《易知由单的起源》一文，专门探讨了易知由单从明代景泰年间出现，到万历以后普遍推行的经过。读者若要研读《易知由单的研究》，就必须结合阅读《起源》一文。《明代的预备仓》一文考察了明代的预备仓制度，特别是其在实际施行中的流弊，作者认为明代预备仓之设，同前代相比，"规制尤善，惜行之未收实效"。《明代的民兵》一文考察的是明代兵制的一个方面，但同明代赋役制度有着相当密切的关系，因为作为明代民兵中最重要及最普遍的一种的民壮，在明代中期是一项沉重的差役，它的折银化和同田赋合并的过程是一条鞭法改革的内容之一。此文是关于明代民兵制度的为数不多而剖析具体细微的一篇佳作。

中国古籍文献虽是我们从事研究的基本史料，但由于种种原因，多有纰缪失实，记载矛盾纷纭。梁方仲教授在研究时既重视史料的搜集，又不轻信某一史料的说法，对重大问题是这样，即使是一些较细小的问题，他也尽可能博采众说，排比校勘，仔细考订，以揭示历史的真相。从《补编》中收录的《明代田赋制定额年代小考》《明开国前后的赋率》《明初夏税本色考》《番薯输入中国考》等短文中，均可见他在这方面的功力和认真的科学态度。

梁方仲教授虽重视史料的校勘考释，但他并不是沉溺于烦琐考据的旧史家。他研究历史上个别的经济现象和经济制度，目的是要从具体问题入手，从各个侧面来探讨中国封建社会的发展规律，因而他也十分重视理论的指导。特别是解放后，梁方仲教授更努力地学习马克思列宁主义，力图运用马列主义的基本原理来指导社会经济史研究。《补编》所收《论隋代经济高涨的原因》一文很能反映出他运用历史唯物主义原理探讨历史发展规律的可贵努力。该文除了基本上同意范文澜在《中国通史简编》中揭示的隋代经济发展的原因外，还着重指出，"隋朝的繁荣，本来是建筑在原有的基础上面的"，是百余年来劳动人民长期努力生产，努力复兴的结果。隋朝统治者制定的法规与法令"仅能收促进的功效，不能是决定的因素"。"由于人口蕃殖相伴而来的劳动力之增加及其已被应用于生产事业为隋帝国经济繁盛之最主要原因"，其中决定性的条件是要将增加了的人力投入生产事业。这一论点完全符合历史唯物主义的基本原理。

《补编》还以附录的形式第一次发表了《马克思主义关于资本主义萌芽的论点》(以下简称《论点》)和《〈资本论〉第一卷第 24 章〈所谓原始积累〉提要》(以下简称《提要》)两份手稿,这是梁方仲教授努力学习马克思主义的结晶。梁方仲教授反对把以马列主义指导历史研究简单化为贴标签的做法,强调掌握马列主义的理论体系和革命导师探讨问题的方法。为了更准确地运用马列主义关于资本主义产生和发展的基本原理来指导研究中国封建社会后期的经济状况,他认真研读并重译了英译本的《资本论》第一卷第 24 章,在这个基础上写下了《提要》一文。他又将马列著作中的有关论点系统地归纳起来,写成了《论点》一文,其中也包括了梁方仲教授自己的心得和理解。例如文中认为,在原始积累是先于资本主义积累而发生的意义上说,"原始积累过程是与资本主义萌芽的过程大体上一致的"。并进一步说明,马克思关于"资本主义的最初萌芽,在十四世纪、十五世纪,已经稀疏地可以在地中海沿岸的若干城市看到……"的说法,是说资本主义萌芽"在十四和十五世纪最初出现的只是少数地方的例外情形,这个资本主义生产关系的萌芽,在欧洲基本上是从十六世纪才开始发展的"。这些理解是否正确,史学界自然会有不同的看法，我们且不置论，但梁方仲教授这种在学习马列主义时努力掌握经典作家论述问题的真谛的科学态度是很值得我们学习的。

梁方仲教授学识渊博，研究的领域相当广泛，不仅专精于户籍、土地和田赋制度史的研究，而且对社会经济史的各个方面也进行过广泛的研究，提出了不少独到的见解。《补编》中《关于广州十三行》一文讨论了中国对外贸易史上的一个重大问题，对于十三行设立的年代及其命名的起源等问题发表了比较中肯的意见。《云南银矿之史的考察》一文研究了明清时期矿冶史和货币史的一个重要方面。《论差发金银》一文所考察的问题虽小，但同前文有着密切关联，亦有相当参考价值。

《补编》还收录了两篇很值得一读的书评，即《评介〈万历会计录〉》和《评陈登元著〈中国土地制度〉》。《万历会计录》是关于明代财政史的十分珍贵的文献，《评介〈万历会计录〉》一文着重介绍了该书的内容、编纂经过和研究价值，也兼论及了明代财政史上的一些重要问题。《评陈登元著〈中国土地制度〉》一文对陈书进行了尖锐而又中肯的批评，文章除了澄清中国土地制度史的许多重要史实外，更反映了梁方仲教授治史的深厚功底和严谨态度，读过令人信服。

《补编》所收论文多是数十年前的旧作，有些已经历了半个世纪，它们经受了时间的考验，至今仍显示出其珍贵的价值。当然，在中国古代社会经济史研究已经大大发展并繁荣起来的今天，人们重读这些著述，或会发现一些错误或不足之处，但这是不应苛求于前人的。事实上，梁方仲先生在晚年对他以前发表过的旧文亦有修改重写的愿望，遗憾的是，十年浩劫残酷地摧残了他的身体，使他过早谢世，此愿未遂。尽管这已是无法挽回的一大憾事，但他治学的路子，探讨问题的方法，锲而不舍的精神，遣词命意的斟酌态度，都对后学很有启发，还不只限于他对所研究的问题提出的深刻见解。总之，梁方仲教授的治学态度是永远值得我们学习和发扬光大的。

# 寻找乡土的精神家园[*]

番禺，在广州及其周边地区，是一个在有确凿证据可稽的历史记载中最古老的地理名称。这个地理名称所涵盖的行政区域范围，在过去两千多年的历史中，一直在逐步缩小，到20世纪初，甚至退出了自己原来的核心——省城广州。尽管如此，番禺这个名字，两千多年从来没有被改变、被取代，更从未消失。由此看来，番禺这个名字，是一个有特殊生命力的不可替代的符号，是一种在长期的历史中凝聚而成的文化象征。所谓的"番禺文化"，不会因一时一事的时势变化而消失，也不可能由一两个能工巧匠去打造。抱持着这一理念，番禺区和我们开始策划编写这套"番禺文化丛书"的时候，就形成了一个共识，要将番禺地域文化的呈现，置于历史的视野之中，尤其优先着力于那些在历史过程中持续

---

[*] 本文是"番禺文化丛书"（中山大学出版社，2017）的总序。

累积，形成厚实的历史基础的题材。我们相信，首先在这些题材落笔，更能表达"番禺文化"的轮廓与本相。

所谓的"地域文化"，是由世世代代生活在这个特定地域空间中的人的活动创造的社会制度、行为习惯、物质及艺术等方面的内容构成的。因此，当地人的活动，是我们理解地域文化的基本出发点。而一个地方的人的活动，是他们与自然环境共处，适应并利用自然环境，同时也改变其存在空间的过程。这个过程，创造了所谓文化存在的物质和非物质形态。这套丛书除以人物、建筑、音乐、书画、非物质文化遗产为主题外，特别在"概论"中，从番禺历史与社会文化的乡土基础着眼，期望能够以较简略的方式和篇幅，呈现番禺文化的基本面貌、特性和底蕴。

在遥远的古代，番禺的地域范围，包括今天狭义的珠江三角洲的全部。不过，彼时这个名称主要指今天的广州及其周边地区，其中大部分还是在珠江口的海湾中星罗棋布的海岛及其周回的陆地。其后，随着珠江三角洲的发育，岛屿逐渐连缀起来，陆地面积不断扩大，域内陆续析置新县，作为行政区域单位的番禺的地理范围不断收缩。到明清时，番禺作为广州府的附郭县，定格在一个大致北东南三面环绕着省城的县域。这个县域，便是近代"番禺"的文化认同形成的基本地理范畴。进入 20 世纪，先是广州市区从番禺县分离出来，番禺治所移出广州市区，继而，上番禺地区划入广州市郊区，番禺的县域只剩下广州南部的大小箍围加上其东南部的新涨沙田区。前些年，下番禺东南的沙田区的大部分又再析出，新置南沙区。今天广州市辖下的番禺区，不仅失去了古代岭南地中"亦其一都会"的广州城，也失去了两千多年来构成番禺地理疆域主体的相当大一部分，甚至近百年来在珠江口海上新生的冲积土地，也随着南沙区的崛起，渐渐离"番禺"而去。

这个现实，向我们编撰"番禺文化丛书"直接提出的问题是，这套书的叙事在时间、空间上如何界定其场域？我们觉得，所谓"番禺文化"，应该是历史上生活在番禺这块土地上的人们所创造的，要全面、整体地阐述番禺文化，就不能只限于今天的番禺一隅。但是，从另一个角度考虑，作为一套由番禺区组织编撰的丛书，其基本的视域，又需要大致限定在今天番禺区的行政辖地之内，以发生在这个区域内的历史文化事象为丛书叙事的基本内容。这样一来，我们无可避免地陷入一个两难的处境。拘泥于作为行政区的番禺的地界，难免破坏"番禺文化"的整体性；超越这个边界，又离开了作为今天行政辖地的文化表述这个本分。经过反复的斟酌讨论，我们选择了不去硬性地采取统一的原则和体例的做法。现在呈现在读者面前的六个专题分卷，有的严格以今天番禺的行政区域为界，有的则不以这个地界为限，扩展至以清代番禺籍人士组成的文化圈。大体上，扎根本地乡土社会的主题，我们主要采用前一种方式，叙事基本上以今天番禺行政区域空间为范围；而更多以城市为主要舞台的精英文化题材，则不局限在今天的行政区域，内容覆盖了历史上更为广大的番禺地区。

  这样处理，并不是一开始就有意识地、清晰地定下的原则，而是在写作过程中自然形成的结果。这说明了要表现番禺文化的不同主题，的确需要有不同的视域才能比较完整地表达的客观要求。在这点上，《番禺人杰》一卷最为典型。该卷撰稿人说："两千年中，以番禺冠称的行政境域变化频繁，范围不定，而以番禺地望自称的传人，体现出对精神家园的守望与执着，对乡梓文化的认可与传承，这是中华民族的优良传统。因此，从文化的剖析及宣扬出发，本书所说的番禺名人，是对历史上以番禺为籍贯的番禺人的记述。"我们认为，这是从历史人物的生平业绩展示番禺文化所必须采取的做法。这些历史上在不同领域对番禺文化的塑造做出贡献的人物，他们的活动舞台一定超出乡土社会的范围；很多人士，虽然其家乡已经不在今天的番禺区辖内，但在他们的时代，他们都以番禺为自己的乡土认同；他们的社会活动,也都以番禺籍人士的身份出现。这些番禺籍人士作为一个群体在宏大历史场景中扮演的角色,从来不局限在各自的乡村社区范围,他们活动的舞台,遍及全国乃至世界各地。这个事实,显示出"番禺文化"具有超越地方一隅的意义和价值,不是我们可以拘泥于今天的行政区边界而将其割裂开来的。

  有一些地域文化的题材,除了不能割裂传统的地域整体性外,还不能离开城乡关系格局的视角。番禺在历史上作为同时是省会所在地的附郭县,有一些文化领域的发展及其特色是在这个地区的城乡连续体中形成的,这套丛书中《丹青翰墨》和《禺山乐韵》两卷,即突出体现了这个视角。书画和音乐,一般都被视为精英文化的领域,而城市则是这类精致高雅文化生长的主要舞台。番禺在书画和音乐创作领域之所以能够达到一般地方文化罕有的成就和高度,涌现许多传世的不朽作品,形成具有全国性影响的流派,离不开其依托于广州这个多元文化交融的大都市这个条件;同时,番禺人士在书画和音乐领域创造的独特品味,有其深厚的乡土根基,许多独具一格、意味隽永的作品,浸润着乡村生活的情趣。本土乡村孕育了本地书画和音乐的灵气与风味;而连接世界的都市,则提升了这些作品的品格,打开了作品的天地,使番禺的书画和音乐在民族艺术之林中占有重要的一席之地。这套丛书的《丹青翰墨》和《禺山乐韵》两卷所展现出来的艺术创造和传播空间，大大超越番禺一地的局限，自然是必不可免的。

我们最能够将内容划定在今天番禺辖区范围内的，是《番禺建筑》一卷。这不仅是由于建筑坐落的位置是固定的，可以在地理空间上将境内境外的界线清楚划分开来，更因为在整个珠江三角洲地区，建筑的类型及形制具有高度的相似性，而在今天的番禺区地域之内，珠江三角洲地区的主要建筑形式大致上均已齐备，只选区内现存的代表建筑来讨论，已经足以涵盖不同时期番禺区域范围内的建筑类型和建筑风格。作为一种地域文化的物质载体，建筑是地方文化的一种非常直接的表达，我们从番禺区境内建筑形式的丰富多样性，可以见到番禺区虽然今天的辖区范围大大缩小了，但仍然保存着具有整体性的地方文化特色，而这种特色也容纳了很多原来在广州城市发展出来的文化性格，这也是番禺文化在一种城乡连续体格局下形成和延续的表征。番禺区域内传统建筑具有的典型性和代表性，让我们有可能立足于今日的番禺区去呈现番禺的文化传统。

如果说建筑是以物质形态保存和呈现一个地区历史文化传统的典型形态的话，那么地方文化传统在更深层次的存续与变迁则体现在日常生活方式以及各类仪式上,这些民俗事象,今天也被称为非物质文化遗产。在这个领域,番禺区辖内城乡人群与周边更广大地区人群的生活习俗具有相当高的相似性,而由于生态、环境和人群的多样性而存在的各种差异,在今日的番禺辖区内也都曾经共存,甚至在如今急剧的社会变迁过程中,许多地方的民俗文化正在发生变异,而在番禺辖区里,相对还保存得更为完整,更为原汁原味。更重要的是,虽然民俗的内容在相当大的地域空间里广泛存在,有某种普遍性,但具体的民俗事象,又是独特而乡土的,总是依存于特定的社区、人群、场所和情景之中;对民俗的观察和记录,也总是细微而具体的,只要不企图去确认某种民俗是某个行政区域所专有的,微观的观察也不必有坏其完整性之虞。

一个地方的民俗,隐藏着地域文化的内在和本质的结构。这个持续稳定的结构,是塑造地域文化认同的基础,而地方社会的民俗文化,是在本地乡土社会的土壤中生长的,这个土壤本身是一种历史的积淀和层累的产物。当我们要努力尝试立足于今天的番禺地域去发掘"番禺文化"的内涵时,自然把寻找其历史根基的目光,重点投到本地的乡村社会的历史上。这是我们撰写《番禺历史文化概论》的一个心思。我们很清楚,要真正概览"番禺文化"的全貌,在历史的观点上,本应以广州的城市文化为主导，从都市与乡村的互动、上下番禺乡村之间的协调、民田区和沙田区的关系着力，甚至应该把"海外番禺"也纳入视野，作一番眼界更开阔的宏大观察和叙事。然而，作为《概论》，前面我们提到的"大番禺"还是"小番禺"的问题更难处理。我们明白，要在《概论》里把已经不在今天番禺版图里的广州城厢、乡郊和大沙田区纳入一起论述，作为地方政府主持编写的这套丛书，无疑是过度越界了。我们选择了把《概论》聚焦在今天属于番禺区的大小箍围地区，期待能够从乡土社会的历史中，发掘番禺文化的根柢所在。我们从乡土社会历史入手探寻地方文化，并不是以为"番禺文化"只从乡村社会孕育。我们很清楚，要探究番禺地域文化的孕育，必须把以省港澳为核心的城市发展，甚至还要加上上海等近代中国的都市以及番禺人在海外的活动空间都纳入视野，从城乡互动、地方史与全球史结合的角度，才能够得到较为全面的理解。现在只能聚焦在今日的番禺辖区，也许可以基于这样一个假设，就是发生在这个地区的社会变迁，以及在这个社会变迁过程形成的地域文化认同，是一个在更广大的空间的历史过程的缩影，这个历史过程形成的文化元素，积聚在今日番禺区的城乡社会，尤其是通过番禺乡土社会中一直保存下来的生活习俗、民间信仰、乡村组织和集体机制，凝结成保存番禺文化的内核或基因的制度化因素。这个基本假设，是我们相信立足于今日番禺土地上，仍然可以在一个宏观的视野里纵览番禺文化的依据。

我在这里以编写这套丛书时如何处理番禺作为一个地理空间范畴的变化对于认识番禺文化的种种考虑为话题，真正的目的并不是要从技术层面讨论丛书编写的体例问题，也不是要为丛书各卷处理叙述的地理空间范围不能采取一个统一的标准作解释或辩解。我希望能够通过这样的交代，表达对这套丛书的其中一个主旨的理解，这个主旨就是，我们今天可以如何去认识和定义"番禺文化"？编写这套丛书是一种尝试，一种从小小的番禺区去阐发宏大的"番禺文化"的尝试。我不能说我们做得成功，但我以为需要这样去做。因为这既是一个历史的问题，更是一个现实的问题。番禺由一个广大的地区的统称，变到今日只是广州市下属的一个行政区，是否意味着"番禺文化"的消失；今日的番禺，文化建设方向何在，是逐渐成为一种狭隘的社区文化，还是一个有其深远传统和独特价值的地域文化的栖息地？这些问题，虽然要由番禺人民来回答，但我们既然承担了这套丛书的编写，也应该看成自己的一个使命。我们期待这套书能够对番禺的政府和民众有一点帮助，令他们在未来的番禺文化建设中,有更多的文化自觉和理性选择,把握本土社会的内在肌理,辨识番禺文化的遗传基因,在张开怀抱迎接现代化和都市化的时候,坚持住番禺的文化本位,守护好乡土的精神家园。番禺文化的永久存续,生生不息,发扬光大,有赖大家的努力!

## 梦里依稀满地青翠[*]

将近70年前,卢子骏先生独力编成了一部《潮连乡志》,在《自序》中,这位年近80的老叟表达了自己的愿望云:

> 吾乡不乏通才,后之览者,或将因是而扩充之,润色之,俾此区区小册,蔚为大观,将见潮连之历史,益以璀璨焜耀,映照来兹。是则吾乡之荣施,而尤编者之厚望也夫。

湘父先生一生在乡中及港澳兴办教育,桃李满门,名满南国,若论潮连乡人中之通才,恐其身后,难有人能望其项背。不过,70年来,在世界风云变幻中,潮连一隅,也历尽沧桑,翻天覆地,写下一页页浓墨重彩的历史,足可大书特书。虽今时通才或不可再得,然集众

---

[*] 本文是为《潮连志》(江门市蓬江区潮连志编纂委员会,2014)作的序。

人之力，积数年之功，写出一部新的、内容更丰富的潮连史志，并非空中楼阁水中月。今时面世的这部《潮连志》，皇皇60万字，蔚为大观，或可如湘父先生所厚望那样，璀璨焜耀，映照来兹，为潮连之荣施。若然，湘父先生亦稍得安慰矣。

潮连，如它的名字一样淳美而隽永，潮连天地，钟灵毓秀。这个面积只有十余平方公里的小岛，地当西江之咽喉，水接南海之汐潮，乡人依山结村，海坦环岛生涨，沃壤人工天成，江上云樯竞发，海门直出二洋，足迹遍处寰宇。数百年来，潮连的人们在这个江中小岛建立起自己的家园，开辟出一片新的天地。

从80年代后期开始，那时潮连还没有建大桥，我们搭乘渡轮来到这个江中小岛，考察珠江三角洲乡村的历史文化。我们迷恋这里的山水田园、村趣人情，一次又一次来到潮连，同这块土地结下不解之缘。我们穿梭在乡村田畴之间，与老人访谈求教，祈求洪圣大王的庇佑，见证了大桥奠基。我们在探寻潮连旧日史迹的同时，见证了开放改革带来的巨变。我们脑海中也展开过一页页精彩纷纭的史卷，浮现出一幅幅璀璨缤纷的图画。但我们毕竟是匆匆的看客，观景的外人，所见所闻，所观所念，其实都是片段散页。我们一直期盼着能看到一部由潮连人撰写的历史，展现潮连风姿绰约的全貌。今日得见书成,自是欣喜。

我们在大学里教书,从事历史文化的研究,读过各种各样的历史,不过,我们相信,本地人撰写本地历史,有着外人不可替代的情味和意义。本地的史志,表达的是一种本地人的历史记忆,这种记忆,不仅记录着曾经发生的情事,更塑造着今日的精神。宛如一个人不能失忆一样,一个地方,一个人群,也不可以遗忘过去共同经历过的历史。本地的文化性格和人文风气,是在一代一代人的生活实践中创造和积淀的。保存对历史的记忆,讲述对过去的理解,不但可以理性地认识今天,自信地面向未来,更可以聚合地方精气,凝练家乡情感,造就一片人们生命长育于兹,灵魂寄托于兹的真实的大地。

幼时生长在潮连的香港著名作词家卢国沾先生,写过无数首脍炙人口的歌词,他最喜欢的一首,是1980年他与黎小田合作的同名电视剧主题曲《大地恩情》,歌词写道:

> 河水弯又弯,冷然说忧患。
> 别我乡里时,眼泪一串湿衣衫。
> 人于天地中,似蝼蚁千万。
> 独我苦笑离群,当日抑愤郁心间。

> 若有轻舟强渡，有朝必定再返。
> 水涨，水退，难免起落数番。
> 大地，倚在河畔；水声，轻说变幻。
> 梦里依稀满地青翠，但我鬓上已斑斑。

卢国沾先生称这是他的"时代"曲，其实又何尝不是我们大家的"时代"曲。自面世以来，这首时代曲在港澳及珠三角地区引起千千万万人共鸣，诉出了那个时代人们心中的怨愤，更表达了这哀怨中深埋着的乡情。很多年后，卢国沾先生讲述自己写这首歌的情感时说：

> 写这首词的时候，我哽咽难止，激动至落泪。在泪水之中，在许多童年往事叠印脑际的时候，我写出心里每一句想讲未讲的话。笔下这块"大地"，是我家乡潮连。潮连是一个大江之中的孤岛，四面潮水相连，因此"大地，倚在河畔"一句，是我刻意要写的。词里的"恩情"，是我母爱。

从卢国沾先生对家乡潮连的这份感情，我们读出了这块大地曾经历过的风风雨雨，更体会到"梦里依稀满地青翠"的历史记忆，对于人们守住内心深处对这块大地的感情是多么珍贵。我们衷心希望，《潮连志》的编成，不仅能够把卢国沾先生梦里依稀的满地青翠记录下来，也可以在遍布海内外的潮连人眼前，展现今日潮连满地青翠的图景。

2014 年 9 月 16 日

## 收拾地方历史记忆*

今天被称为中山市的这个地方，是古代香山县的一部分。虽然治明清史的我，更习惯也更喜欢用香山这个名称，但出于尊重现实，还是要用今人都熟悉的"中山市"这个地名。不过，无论名称怎么叫，中山市，都是一片我怀有特殊感情的土地。为何会对这片土地怀有某种特别的情感，我自己都说不清楚，只是每次到中山，都有一种亲切适意的感觉。这种感觉，也许是由于它与我求学与供职数十年的大学同名，也许是出于我80年代曾经在这里度过了很多很多个做田野研究的日日夜夜。不过，其实我并不肯定这种感觉在多大程度上会同我的某些生命经历有联系，我更宁愿相信，是因为我每次走进这块土地，都会被它感动，被它的故事，被它的姿色，被它的气味，被它的人情……总之，这里的一

---

\* 本文是为刘秀莲编著《经济与民生》（广东人民出版社，2011）作的序。

切,似乎都能够撩动我心灵深处的某种情愫。而作为历史学者,我明白所有这一切能够被我们的心身直接感受的东西,都是中山人在他们的历史活动中创造的,要认识今日的中山市,就要了解它那独特的多姿多彩的历史。因此,当广东人民出版社的柏峰塞给我这部书稿,嘱我写篇"序言"的时候,虽然我还没有看过里面的内容,就欣然同意了。

这部也许可以视之为"中山百年经济史"的书稿,虽然篇幅不算太大,但内容丰富,叙事繁博,其中不少是当下许多读者的亲身经历,读来不免有点沉重,不时还会掀起波澜。在今日的中山,人们每日的生活是那样的平静,一切似乎都是理所当然,都那么习以为常,也许很少人会低头思考中山曾经经历了怎样的历史才走到今天;历史如何营造了今天中山的文化性格?当人们把一切视之为常态的时候,是很容易遗忘过去的;但是,当人们逐渐遗忘了过去的时候,历史就会以我们不能觉察的方式戏弄我们。因此,我们应该感谢这部书稿的作者,他们花了很大气力把散见于不同地方的材料荟集起来,让我们能够在逐渐淡忘中重新捡拾那些曾经铸就我们的生命与精神的历史。读着书中展开的一幅幅历史画卷,我们才猛然觉悟,那些看似已经遗忘的历史,实际上早就深深铭刻在我们心中。例如那首我们小学时天天高唱"学圣狮,赶圣狮"的广东方言歌,我早就忘得一干二净了,但当我读到书中有关圣狮的这段历史时,这首歌竟然一直回旋在耳边。由此可见,我们今天拥有的一切,无论是物质的生活还是文化的性格,其实都在历史中留下其印记,潜藏在我们的自我意识中,构成我们共同的财富。当我们从历史中获得这种自觉时,也就可以对自己周遭的处境与将会面对的未来,有更多的自信。

写历史的人,总是相信自己在拯救那些消逝着而很快被人遗忘的过去,不过他们在书写历史的时候,一定也同时在制造遗忘,并使之固着起来。大量地,尽可能齐全地去记录那些过去了的事实,固然是一种有效的补救途径。不过,如何从我们对今天以及未来的多元关怀出发去重新发现历史,从多种角度去建构人们的历史记忆,拓展人们的历史视野,是更值得重视的努力。本书从经济与民生的角度去讲述中山的百年历史,提供了一个很好的范例,是值得称许的。我们有理由期待视角更多元,内容更多样的历史著述陆续涌出,同时,更需要在历史意识与历史编撰方面不断创新,那样,一个地方的文化认同才有可能真正建立在充分尊重本地共同经历的整体历史的坚实基石上,成为当地人民共同的精神财富。

2011 年 9 月 30 日夜草于南港

# 经营文化与文化经营[*]

本文集是《华南研究》的第二辑，本辑以传统中国社会的经营文化为主题，由华南研究会与香港科技大学人文学部华南研究中心合编。这想法缘起于1995年12月在香港科技大学人文学部举行的"经营文化：中国社会单元的管理与运作"学术讨论会。在这次会议上，与会者大多从社会史及文化人类学的视角出发，通过个案和专题的研究，从很多不同的领域，探讨了传统中国社会中各种社会单位的"经营"行为，"经营"活动与权力空间的关系，不同的管理与运作过程对传统文化资源的利用，以及在具体的研究中，以西方社会的经验为基础发展起来的近代学术理念和分析工具，如何用于中国传统社会行为的解释等饶有趣味和学术价值的问题。在

---

[*] 本文是香港科技大学人文学部华南研究中心、华南研究会编《经营文化：中国社会单元的管理与运作》（香港教育出版公司，1999）的前言，与陈春声合撰。

会议中提出的上述问题实在值得作进一步的探讨,为此我们邀请对华南地域社会中特定社会单元的经营曾作专门研究的朋友,提交他们的研究作品,编辑了这个专集。

中文"经营"一词,现在多用于指从事种种以谋利为目的的投资事业和商业行为,即一般所谓的"做生意"。中国人如何做生意,毫无疑问是我们有兴趣的题目。但是,我们这里希望讨论的经营,是一个意义更广泛的概念。"经营"一词本来的意思,是指建筑物的筹划营造,后来引申为规划构建,营治管理各种事业。经营之单位,可以是一家、一国以至于天下,《史记·项羽本纪》有"以力役经营天下"之谓;而经营的范围,则可以包罗世间万事,即如《隋书·经籍志》所云:"天地变化,万物蠢生,则有经营之迹。"在中国传统社会经营文化,不应该只是把兴趣局限在如何做生意,因为在传统中国,经营生意和经营其他事业,其实在许多方面都是相通的,人们用非经济的手法去经营生意,而又往往把生意以外的事业视为生意一样去经营。在生意场上的经营和在其他领域的经营,在文化层面上并无根本的差别。

再者,我们讨论传统中国社会的经营文化,不是只关心经营的技术和手段,我们更关心的,其实是经营活动与社会环境的互动关系。我们尽量避免从"纯经济"

的角度去讨论经营，避免将近代的社会科学概念原封不动地套用在中国人的经营行为之上，而是力求展现多方面的、复杂的、互动的经营活动的实态，经营活动背后"权力空间"的影响与运作情形，以及这些活动所蕴含的社会文化因素。本辑文章基本上都是个案的和专题的研究，文章作者大多是一些年青学者，他们的讨论显然还有不成熟的缺陷，但他们讨论个案和专题时表现出来的问题意识和学术关怀却表现了这种共同的兴趣和取向。

了解传统社会经营行为的社会文化背景，是考察特定的社会单位或行业经营方式的改变，或者它们对社会条件的适应机制所必需的。郑锐达、钟宝贤、陈国成和张小军四篇文章讨论的问题，都是与南中国的宗族社会相关的问题，四篇文章向我们展示了在极不相同的国家法律制度及政治环境下，基于亲属关系的社会或经济单位的经营条件的改变，如何赋予宗族、尝产一类看似同质的社会和文化的单位以极不相同的意义，从而也改变着这些文化单位的经营方式。所谓的经营文化，不但是在一定的权力空间中被动地去适应和改变经营策略，同时也无疑是利用国家和法律的制度性资源，进行新的文化创造的过程。梁洪生的文章呈现了在商业市镇中，地方势力与特定的社会环境的互动关系，这毫无疑问是我们研究任何特定的经营单位的具体运作时所必需的。张瑞威和黄海妍的文章考察从常平仓、书院一类官方机构的经营，让我们看到了作为政府行为的官方机构的经营，如何和实际的社会经济条件和地方社会的动力结合在一起。郭润涛讨论清代"绍兴师爷"的经营状况更让我们了解到清代政府运作的实态。黄永豪和熊燕的文章，分别展现了地方精英在经营不同的事业的时候，如何利用他们的官方资源，同时也通过经营本来属于政府职能的慈善事业去达到他们的经济或政治目标。所有的文章虽然只是就一些个别的事业和部门来考察，但如果我们能够把不同单位的经营放到同一个视角去讨论，也许就可以从这些看似完全没有关联的个别的事例中，读出中国传统社会的经营的文化内涵。我们相信这一辑文章的作者，能够从彼此文章中，找到和自己的文章呼应的启发。我们受委托编辑这一文集，有机会先阅读各篇文章并与作者讨论，有了这么一点感想，写下来，就作为本辑的前言。

这文集的每一篇论文，皆经由两位海内外专家学者审稿、对各审稿人的协助，编辑委员会致以衷心的感谢。这文集终能出版，同时得力于华南研究会、香港科技大学人文学部华南研究中心及中山大学历史系同人在编辑及文稿校对上的协助，香港科技大学人文学部资助部分出版费用。编者谨向上述各位及机构致万分的感谢。

## 读书不肯为人忙[*]

这本文集收录的是近年来我系中国古代史专业的教师指导学生的一些习作,书名出自陈寅恪先生1929年写给北大学院己巳级史学系毕业生的七绝赠言,其词云:

> 天赋迂儒"自圣狂",读书不肯为人忙。平生所学宁堪赠,独此区区是秘方。

所谓"为人",典出《论语·宪问》,"子曰:古之学者为己,今之学者为人。"何以"为己",何以"为人",今人可能有不同的理解,不过,我相信,最贴近陈先生赠言本意的诠释,应该是陈先生在《清华大学王观堂先生纪念碑铭》中所言:"士之读书治学,盖将以脱心志于俗谛之桎梏,真理因得以发扬。"两千多年前

---

[*] 本文是刘志伟主编《读书不肯为人忙——中山大学历史学系本科生中国古代史论文选集》(中山大学出版社,2016)的序。

的孔夫子已有"今之学者为人"之叹,则今日欲求"为己"而学,自是迂儒无疑!所谓"迂儒",不通世情不合时宜之人也,今日之大学,因着教育普及渐成谋生之孔道,大学中人,恐怕要做学者的,已不在多数;少数以为要做学者之读书人,"为人"者亦在多数,"为己"者遂属稀罕之物。

当下中国的大学,高歌"创新创业",上上下下,内内外外,都以"创新创业教育"为改革的主题和目标。但什么是"创新创业教育",相信不同的人会有不同的理解。在我们这个工具理性传统深厚、功利主义弥漫的国家,教育早已走到极端急功近利的境地,于是,在主政教育之人的观念中,"创新创业",实际上以创业为主调,为目的,为收获,其实质就是所谓的"创新引领创业、创业带动就业",庶几成为今日公认的大学教育目标。各种"创新创业"的鼓噪声中,也不乏声言以培养能力和素质为目标的主张,不过观其内容和实现方式,仍不脱训练工匠的取径。大学里鼓励学生"创新创业",常常具体化为"做项目"和"写论文",文章成了一种罩着"创新"光环的产品,各种评价学生的场合,也都以学生发表论文的数量以及刊物的所谓"等级"为主要指标。在这种时势下,我们把近年来一些本科生的论文编成文集出版,毋庸讳言,也不能尽脱"为人"的功利目的，免不了也是一种俗谛。

本来，读书与写作均是治学之正途。所谓学问，是在漫长的历史中一点点累积起来的。学生求学，必于书中求前人留下之学，故入史学门径之人，唯以读书为本分；读书有心得，笔记下来，有发明，阐发出来，也是读书之一种本事；治学渐有积累，对所读诸书中承载的知识义理生出点点疑惑，自立一题，从更多书中探源索解，创一新见，立一新说，撰成新作，寓读书之味于写作之中，亦不失为读书之蹊径。然而，这种读书写作，须与今日以"创新创业"标榜的教学划清界线。今日流行的功利教学，写作成了目的，论文篇数、字数成为效益之指标。或曰，制作论文，也会翻查书本，也是读书，但这种"为人忙"的读书，颠倒了读与写的关系，误导学生离开读书的本分，这样的所谓"读书"，非但不能助人"脱心志于俗谛之桎梏"，反成俗谛生成之渊薮。此种风气下，"为己"之学，更不复可求。在这个读书之人日稀，"创新"之作日繁的时代，学术之传承，惟赖罕存之迂儒坚守。无须讳言，中山大学历史系这个象牙塔，也逃不过被滚滚俗流冲刷，但守护住这个迂儒得以存活，得以生生不息的精神家园，始终是我们不离不弃的办学宗旨。为此，我们用陈寅恪先生这一遗训作学生习作集的书名，表达心中仍存的学术信念，也提醒自己不忘求学之初心，存一点读书之本事。

有一大家熟知的朱子诗云："旧学商量加邃密，新知培养转深沉。"学人中传承旧学发明新知，为读书治学之本义，故学者读书"为己"之境界，亦需于商量与培养中求。学生在求学中，设一专题做研究，撰写论文，在今时今日的学术范式下，为商量与培养之基本法。因此，我们编辑这本习作集的用意，更多是留下学生读书治学的行迹。编中诸文，虽不乏新发明与新见解，也不藏幼稚浅学之痕迹，但都无掩我捧读时之喜悦。望后来之学子，读此论集，或可得见前人读书之乐、治学之趣，若还能从中悟得一点脱俗之精神，留得一点读书"不为别人忙"之心意，则编辑者之辛劳，功莫大焉！

# 守护大学精神[*]

战争,对于今日多数的中国人来说,是一个遥远又似乎清晰的记忆,除了在几次局部战争中的参战者外,已经有三代中国人大多没有沐浴过战火,亲历过战难,人们从各种文学作品和回忆录中感受的战争,越来越变得虚幻,充满想象。漫天战火与满目疮痍,仿佛就是战时的全部世界图像;战争中的行为,不是血腥的屠杀,就是英勇的杀敌;战争时期的人,不是牺牲品就是勇士或懦夫;在战争的历史中,人们敬慕的英雄,自然是沙场上的战士和将军。然而,既然战争是一场摧残人类文明,践踏人类尊严的灾难,那么,在国难中守护着民族精神,在战火中秉持着人类良知,在艰苦困绝的条件下继续着知识传承的功业,亦是战争历史中同样悲壮,影

---

[*] 本文是为吕雅璐主编《抗战烽火中的中山大学》(中山大学出版社,2017)作的序。

响更为久远，不能被覆盖被遗忘的一页。在战争硝烟中，那些为制止和扑灭战火奔赴沙场的勇士，当然值得后人永远讴歌和怀念，而为民族的精神永存和文脉赓续，坚守教坛不离不弃的文弱书生，亦铸造出坚毅的灵魂，竖立起不朽的丰碑。

在抗日战争胜利72周年的时候，中山大学档案馆编纂的这本《抗战烽火中的中山大学》，把我们带回到那个烽火连天的年代。书中展现了中山大学的前辈在战争中怎样肩负着大学的使命，为民族精神的维系，科学知识的传授和人文传统的存续，历三迁更执宗旨，蒙千难而志不移，写下这样一部炮火连天弦歌不辍，山野村舍书声回荡的历史。这部在中山大学办学历程上悲壮而感人的史诗，为后来一代代中大人留下一笔珍贵的精神财富，其现代价值也由此得以发挥。

那场把中华民族推到了最危险时候的战争，从爆发到现在，已经过去了80年。80年来，关于这场战争的记录描写，从文学作品到回忆实录，可谓竹帛无数，有目不忍睹的烧杀惨状，有可歌可泣的英勇杀敌，有悲痛欲绝的生离死别，有催人泪下的人性大爱。不过，在我走过从一个受教育者到以教育为生命所寄的人生之路时，读过最触动心弦，最不可忘怀，最充满感动的描写这场战争的文字，无过于郑振铎先生的散文《最后一课》。①

……

十二月八号是一块试金石。

这一天的清晨，天色还不曾大亮，我在睡梦里被电话的铃声惊醒。

"听到了炮声和机关枪声没有？"C在电话里说。

"没有听见。发生了什么事？"

"听说日本人占领租界，把英国兵缴了械，黄浦江上的一只英国炮舰被轰沉，一只美国炮舰投降了。"

……

我授课的地方，在楼下临街的一个课室，站在讲台上可以望得见街。

学生们不到的人很少。

……

我不荒废一秒钟的工夫，开始照常的讲下去。学生们照常的笔记着，默默无声的。

这一课似乎讲得格外的亲切，格外的清朗，语

---

① 郑振铎：《郑振铎全集》第2卷，花山文艺出版社，1998，第411~415页。

音里自己觉得有点异样；似带着坚毅的决心，最后的沉着；像殉难者的最后的晚餐，像冲锋前的士兵们上了刺刀，"引满待发"。

然而镇定、安详，没有一丝的紧张的神色。该来的事变，一定会来的。一切都已准备好。

……

对于要"辞别"的，要"离开"的东西，觉得格外的恋恋。黑板显得格外的光亮，粉笔是分外的白而柔软适用，小小的课桌，觉得十分的可爱；学生们靠在课椅的扶手上，抚摸着，也觉得十分的难分难舍。那晨夕与共的椅子，曾经在扶手上面用钢笔、铅笔或铅笔刀，有意识或无意识地涂写着，刻划着许多字或句的，如何舍得一旦离别了呢！

街上依然的平滑光鲜，小贩们不时地走过，太阳光很有精神地晒着。

我的表在衣袋里嘀嘀嗒嗒地走着，那声音仿佛听得见。

没有伤感，没有悲哀，只有坚定的决心，沉毅异常地在等待着，等待着最后一刻的到来。

远远的有沉重的车轮辗地的声音可听到。

几分钟后，有几辆满载着日本兵的军用车，经过校门口，由东向西，徐徐地走过，当头一面旭日旗，血红的一个圆圈，在迎风飘荡着。

时间是上午十时三十分。

我一眼看见了这些车子走过去，立刻挺直了身体，作着立正的姿势，沉毅地阖上了书本，以坚决的口气宣布道：

"现在下课！"

学生们一致的立了起来，默默地不说一句话；有几个女生似在低低的啜泣着。

没有一个学生有什么要问的，没有迟疑，没有踌躇，没有彷徨，没有顾虑。个个人都已决定了应该怎么办，应该向哪一个方向走去。

赤热的心，像钢铁铸成似的坚固，像走着鹅步的仪仗队似的一致。

从来没有那么无纷纭的一致的坚决过，从校长到工役。

虽然这篇文字所描写的事实，发生在我们的一间兄弟学校，但我们从中能感受到的，不是某间具体学校的特定场景，而是在那个战火蔓延的年代，中国大学共同的处境和大学师生的反应。就是这样一个普普通通的课堂，老师和学生，都如同平日一样，照常地讲下去，照常地笔记着。但这平常的一幕中的情景气氛，又是这样的不平常,"格外的亲切,格外的清朗"。最后老师发出"现在下课!"的宣布时,"学生们一致的立了起来,默默地不说一句话;有几个女生似在低低的啜泣着。没有一个学生有什么要问的,没有迟疑,没有踌躇,没有彷徨,没有顾虑。个个人都已决定了应该怎么办,应该向哪一个方向走去。"在敌人来到的时刻,迁校的行动就这样开始了。

这一幕,最生动形象地表现出抗战时期中国的大学里的师生员工面对战争,国难当头时表现出来镇定与坚定,我们看到的,不是避难逃亡,更不是苟全偷生,委身屈从。读着这篇文字,弥漫在眼前的,是一种神圣的氛氲,涌动在胸臆的,是一种不能被亵渎的崇高。在敌人的铁蹄声下,以教育为天职的教师和以承担民族科学文化传承为使命的学生,就是如此的坚毅与沉着,默默地作出了最强有力的抵抗。今人要真切地了解历史,需要进入同一境界,生出一种理解的同情。没有经历过战争体验的人们,在阅读战争时期的中国大学的历史之前,如果能够先读读郑振铎先生这篇散文,必能萌发出一种身临其境的情感,再带着这种情感来阅读这本《抗战烽火中的中山大学》,走入书中展现的场景,就可以从书中记叙的人与事中,领悟到一种不朽的精神。这种精神,不仅曾经支持着抗战时期的中国大学,在中华民族抗战史上，写下了一篇篇同血战沙场的军事抵抗一样值得骄傲，值得讴歌，值得永远铭记的历史，更在我们心中升腾并凝结成一种坚定的信念，激励我们为神圣的教育事业奉献终生。

毋庸置疑，这种为神圣的教育事业奉献的精神，无论在战争还是和平的环境，都一直是存续着的，都是大学灵魂之所系，为学校师生乃至全社会共同守护着。然而，在战争环境下，在每个人都面对生命受威胁，文化被践踏，心灵被拷问的情境下，人类本性中对知识和文化的珍重和尊崇，会令这种精神以更感人的方式更具仪式性地表达出来，因此也就更具象征性，更显其永恒的力量。这是我们特别珍视战争时期大学历史，尤其是抗战时期中国大学历史之一个理由。

那场战争已经结束了大半个世纪，中山大学和中国的大学教育已经有非常大的发展。但是，即使在和平的环境下，我们的大学仍然经历过种种风风雨雨。疾风暴雨的"革命"，曾经令大学濒临灭顶之灾，师生在不是迁校的情况下离开校园，学者被剥夺教书权利，离开讲台；日日翻新的"改革"，也把许许多多与学术理念相悖，违背教育规律的东西带入大学，无时不在挑战乃至亵渎着学术和教育的神圣，亦令象牙塔里的学者和学生的学术空间蒙上了一层云翳，需要师生们作出不同的行动来应对。在这个精神家园里的坚守,仍然会在另一处境下深陷艰难。这些历史与现实,令我们相信,即使在和平时期,我们的大学教育事业仍然会面对着种种以不同方式出现的危机和挑战。今日中国大学的发展,就大环境来说,可能已经走上了一条前所未有的坦途,但新的困难,新的挑战,新的考验,仍然布满在我们前面。因此,抗战时期我们的前辈用顽强的生命守护着大学精神,以艰苦的努力维系着大学之道的历史,在我们心中奠定的,是一座永远支撑着我们坚守着教育的理念,历千万劫不动摇的基石。

草于2017年中国人民抗日战争胜利纪念日

# 区域史研究的旨趣与路径*

任建敏 记录 整理**

**引　言**：受《区域史研究》主编温春来老师的嘱托，我很荣幸得到这一宝贵的机会与中山大学历史系教授、历史人类学研究中心主任刘志伟老师就区域史研究这一议题进行访谈。2018年9月21日夜，在从广州南到保定东的动卧上，在温春来、谢晓辉两位老师的共同参与下，我们与刘老师进行了长达两个多小时的访谈，访谈就"从制度史到区域史""作为区域的岭南""区域史的学术训练"三大主题进行了多层面的讨论，刘老师慷慨地和我们分享了他多年来在区域史研究历程中的丰富历史细节，以及对相关问题的深邃学术思考。这一篇访谈录，就是访谈录音的文字整理稿，

---

\* 本文系访谈稿，原载《区域史研究》第1辑，社会科学文献出版社，2019。

\*\* 任建敏，中山大学历史学系特聘副研究员。

作为标题的《区域史研究的旨趣与路径》由记录者整理访谈录音时拟定。初稿完成之后,刘老师补充了记录者所疏忽的更多的细节内容。当然,最终成文的访谈录中仍然会有因理解不到位而不能准确表达被访者原意的地方,其责任应该算在我这位不够可靠的记录者身上,谨在此说明。(任建敏)

## 一 从制度史到区域史

**任建敏**:您曾提到过,您1997年出版的《在国家与社会之间》一书,是在您1983年研究生毕业论文的基础上写成的。但两者比较起来,其问题意识似乎已经有了比较大的变化。您的研究生毕业论文的重点,似乎是以广东为研究区域,理解明清赋役制度的改革,而《在国家与社会之间》一书则在这一基础上,通过赋役制度改革的研究进一步探讨明清广东地方社会结构的变化。是否能谈谈,这两者之间的14年时间里,您的学术历程和理念的一些变化发展?

**刘志伟**:你这个问题提得好,让我有机会澄清我治学过程的一些时间点。你的问题以我毕业论文提交的1983年为起点,以后在这篇论文基础上增订成书出版的1997年为转折点。但其实,现在出版的这个书稿的基本格局,是1985年前后完成,主要是在1983年的研究生论文上增加了第五章以及第二章"盗乱"一节。书迟迟未出版，是因为我当时不觉得这是一个完整的研究成果。因此，我在接下来几年，只是把书中一些内容以单篇论文的形式发表，并没有打算把它出版出来。后来到1994年前后交到出版社的这部书稿，其实是一本不完整的书。

我说这是一部不完整的书，意思是80年代中期的时候，我关注的问题已经很明确是在社会经济结构问题上，我认为并没有一个"问题意识的变化"的问题。我们这一代的明清社会经济史的研究者，都一定是把社会经济结构演变作为自己研究的核心问题，不太可能把赋役制度改革本身作为问题的。何况我一开始确定这个课题的时候，就很明确是要继续梁方仲先生的一条鞭法研究的路径，梁方仲先生从一开始做一条鞭法研究，就很明确地说出了一条鞭法包含的意义："不仅限于田赋制度本身，其实乃代表一般社会经济状况的各方面。"沿着梁方仲先生的研究路径，我读研究生时，从户籍赋役制度着手，真正着眼的，从一开始就是明清社会经济结构。我的毕业论文的初稿，本来后面还有专门一章，讨论从户籍赋役制度演变所见明清广东社会经济结构的变化。文稿已经写出来了，但我的导师汤明檖先生认为我在这方面的研究还不够深入，讨论还很肤浅，要我撤了下来。这一章我完全丢弃了,从来没有发表。后来书中增加的第五章也不是这一章,只是连接这一章的过渡。我在1985年、1986年前后更多把眼光投向乡村社会,其实就是为了把当时老师认为我研究未深的领域深入下去。后来,深入下去就似乎走到了另一个研究领域了,以至于很多朋友以为我改变了研究方向,其实,我一直关心的,还是同一个问题。

在这个意义上,也可以说1985年前后是一个转折点。我在此前虽然也关注社会结构的问题,但当时还没有下到乡村去实地调查。我早期所做的,只限于接触到相关的几类材料。例如族谱,1980年我写研究生论文的时候,就考虑过研究族田,后来因为叶显恩、谭棣华老师写了非常好的论文,我就放弃了,但还是看了很多族谱。另外,我在20世纪80年代初,也打算做鱼鳞图册,因为我们系藏有一批鱼鳞图册,我都看过了,后来也没有做下去。我比较早也写过关于珠江三角洲沙田的论文,我印象中我第一篇发表的论文就是关于沙田的,是1981年写的,大概是1981年、1982年就发出来了。另外,关于"盗乱"的研究,是从1983年开始的,论文是1985年写的。当时我看了黄佐的《广东通志》,其中有大量关于盗乱的内容,其他方志也有一些相关的盗乱记载,很自然我就关注了"盗乱"与社会结构变迁的问题。那时，我还不懂得要从信仰和仪式去考察，在1983~1984年的时候还没有这种意识。不过我在80年代初就对社会文化问题有很多关注，这有另外一个渊源，就是中山大学的民俗学、人类学传统。我的老师中，很多是人类学学者。在当时历史系资料室二楼书库，一进门第一排书架就摆放着《民俗周刊》，而且读起来很有趣味。我那时候基本天天都待在资料室，所以1981~1982年看了很多的《民俗周刊》，这对我的学术兴趣是有直接影响的。但这个时候确实没有想到过这会成为后来我的一个研究领域。

现在回顾起来，1985年是我研究的一个转折点，最直接的契机，是在这一年开始了和萧凤霞教授的合作。与科大卫大概也是在1985年开始认识的。那时我们都在广东省中山图书馆看地方文献，特别是族谱，是我们都有兴趣提取的文献，于是就逐渐互相注意起来。所以，把1985年看成我的研究转型的时间点，也是有道理的。前面提到，当时我努力要把毕业论文研究未深的问题深入下去，开始把研究的视线转到社会结构转变的问题上。我觉得，在搞清楚户籍赋役制度转变之后，要继续深入解释其与社会结构转型的关系，必须从深入研究乡村社会入手。梁方仲先生在《明代一条鞭法年表（后记）》中提示我们，明代赋役制度改革，改变了人民与政府的关系。我后来的研究,也始终围绕着人民与政府的关系究竟发生了什么变化进行研究。要弄清楚国家与人民的关系,就必须走到乡村,探究乡村社会赋役征收的实际运作机制,我在书中增加的第五章,就是讨论作为赋役征收与乡村社会关系连接机制的图甲制如何因应着赋役制度变化发生改变。我当时相信这是通向解释一条鞭法的社会意义的关键,而图甲制与乡村社会实际形态的关系,是需要通过乡村社会研究来接续的。就是在这个时候,因缘际会,萧凤霞教授拿到了美中学术交流委员会资助的项目,准备1986年在中国做一年的田野调查,我们的合作就开始了。萧凤霞教授开始是想同我们的人类学系合作,后来发现同我们进行社会经济史研究的合作,更能够在学科之间的对话中展开她的研究。1985年,她来给我们讲了施坚雅(Skinner)的研究。在叶显恩老师的安排下,陈春声和她一起去中山小榄,确定了以小榄作为田野研究的点。1986年我和她一起去小榄,正式开始了在小榄的田野调查。所以,如果说我由比较传统的文献研究到把田野调查和文献研究结合起来,研究乡村社会,这个转变可以说是从20世纪80年代中期开始的。

除了1986年整年在小榄的田野调查之外,从1987年到90年代初,我和萧凤霞、科大卫每年都到小榄和新会的潮连做调查,当时我们下去非常频密。除了在中山、新会做田野调查之外,从 1988 年开始,在科大卫的带领下,我们还到香港新界看香港学者在那里做的田野调查。记得第一次是 1988 年科大卫安排我们去看新界的打醮,那次我们认识了蔡志祥、张瑞威等年轻学者。虽然那次由于搞错了日期,没有看成,但是印象很深刻,收获很多。第二天蔡志祥带我们去长洲,看坟墓,讲打醮。这时我们开始对信仰、宗教有比较实际的认识。从这一年开始,一直到 90 年代中后期,几乎每年我都会跟着香港的学者在新界看神诞和打醮等乡村仪式。这个经验,令我对从事乡村研究,必须去看乡村的仪式和信仰有了越来越明晰的认识。1988 年,科大卫还得到香港中文大学中国文化研究所的资助,开始了一个叫作"珠江三角洲传统乡村社会文化历史调查计划"的项目,主要在珠江三角洲地区做一些乡村调查。当时科大卫和我去找几个调查点,第一个点是德庆的悦城龙母庙,是从广州坐船去的。看过悦城龙母庙之后,我们坐长途汽车去三水芦苞,芦苞有一个北帝庙。我们到那里一看,觉得很兴奋。因为科大卫之前已经对佛山有很多研究,佛山有一座北帝庙在当地历史上非常重要,我们在芦苞稍稍了解到一些情况,已经隐隐感觉到这些不同的地点可以串起来建立某种地方历史的线索。我们另外还选择了两个点，一个是番禺沙湾，另一个是南海沙头。沙湾在沙田区的边沿，沙头在桑园围。这几点在空间上的关系可以反映出珠江三角洲乡村社会历史的不同时间和阶段的情况。1989年和陈春声、戴和、萧凤霞一起在沙湾住了半年，这是此项目最长的一次田野考察了，科大卫也会经常来。

这就是我们最初几年在珠江三角洲做乡村社会研究的大概情况。经过这几年的研究经验，我的确把视线重点转移到了乡村社会，而且把更多时间放到了田野研究以及民间文献上面。旁人看起来，产生了我转移了研究方向的印象，这也很正常，但我始终认为这是我早期研究的延伸。

当然，由于这个阶段我们走进田野，是与一群对乡村社会有研究兴趣的朋友一起走的，外面看起来，我们做的是同样的研究，但其实，我们各自有不同的研究背景，也有不同的问题意识。如果说，我们逐渐形成一些共同的兴趣和意识是在1991年以后，尤其是香港中文大学人类学系陈其南教授主持的华南研究计划的开展，使我们逐渐形成了更多的共识。大约1990年，萧凤霞在香港筹了一笔经费，叫李郑基金，是李兆基、郑裕彤捐了一笔钱给耶鲁大学和香港中文大学，用来推动两个学校的中国研究。我们可能是最早得到这个基金资助做项目的。萧凤霞自己是筹款人,不便作为项目主持人申请,就找了陈其南教授牵头,项目主题为"华南传统中国社会文化形态研究计划"。1991年,陈其南到广州来找我,我们谈了两天两夜。第一天晚上我的印象最深,我们先在中国大酒店的餐厅谈,谈到9点半,餐厅开始有歌唱表演,很吵,我们又转去了东方宾馆继续谈。当时谈的主要话题是,这个计划究竟怎么开展。首先是邀请什么人参加,我们最后确定的人选是:广东的陈春声、戴和、罗一星和我,福建是郑振满、陈支平,香港是科大卫、蔡志祥、萧凤霞,还有安徽省社会科学院的郑力民(因为当时陈其南对徽州有兴趣)。后来,江西以梁洪生、邵鸿为主的学者也加入了。关于具体的运作方式,当时我们和科大卫、萧凤霞他们合作了虽然只有几年,但是感觉已经合作了很多年一样。我们认为我们最成功的是,我们不像别人那样共同去做一个课题,但是我们在各自研究的同时,经常进行有深度的讨论和沟通,共享想法、共享资料。这种经验,成为后来我们各种合作项目的模式。当时我和陈其南商定,"华南研究"仍然采取这种合作模式。项目参加者仍然是各做各的研究,但每两个月在一个人的田野点举办一次工作坊,每次3至5天。

第一次工作坊是1991年8月2至5日在广东新会的

潮连镇，由萧凤霞主持。那时候，我、萧凤霞、科大卫三个人都在潮连做田野研究。第二次是1991年9月27至30日在广东佛山，由罗一星、科大卫主持。第三次是1992年1月3至5日在广东番禺，由我主持。第四次是1992年3月20至23日在广东澄海的樟林镇，由陈春声、蔡志祥主持。第五次是1992年7月23至29日，由陈其南主持。第六次是1992年8月12至16日在福建莆田，由郑振满、丁荷生主持。

我记得我们形成比较一致的共识，是在佛山举办的那次工作坊上。我们那一次讨论提出要有一些共同的方法和主题，以及在理论上有所建树。大家觉得神明的祭祀与信仰可以作为我们的主题。这里所说的神明崇拜也包括了祖先崇拜，祠堂、宗族的研究也可以纳入这一主题之内。当然，这样的兴趣，并不是新的想法，科大卫、蔡志祥在香港新界，以及我与萧凤霞在中山小榄进行的研究，例如她后来写的菊花会的文章，都与仪式有关。不过，作为这个计划的一种共识，是在佛山那次工作坊确立的。后来我们去了广东潮州、福建莆田考察，更确信这是我们这个计划的核心关怀。尤其是到了郑振满的田野点之后，这种认识更为明确了。当时，他的博士论文刚刚出来，讲的是宗族，但跑到莆田，他整天带我们去看庙，我们就和他说："你要带我们看宗族。"一天早上,郑振满说:"好!我带你们去看宗族。"车子开到一个庙面前,我们下来一看还是庙,然后我们问,宗族呢?他指着庙里一块很大的碑,说宗族在这里。碑里的捐款名字确确实实是一个家族的系统,我们发觉,他们的宗族原来是在庙里面。第二次我们再到莆田,到了东岳庙,我们突然悟出:莆田的历史是从宋代开始的,宋代本地的士大夫塑造了当地的传统,把地方神提升到国家认可的高度,以神明的方式把地方拉进了王朝体系。科大卫和我们研究的珠江三角洲的历史,是从明代开始,他们更多用的是宗族的语言。于是我们就形成了一种带有理论意味的认识。这个认识现在看起来很简单,但在当时,我们觉得对我们的研究有重要的意义,历史时间、制度、文化规范、空间,以及在田野中看到的各种文化形态,都可以打通来思考了。

我本来是要把我们从 80 年代到 90 年代初走过路程的时间脉络交代一下,有点扯远了。你刚才提问里面提到的 14 年是怎么算的?

**任建敏**:从您的研究生论文到出书的这 14 年间。

**刘志伟**:这 14 年是从文本发表出来看到的时间,其实并没有意义。真正有意义的转折不是我的书的出版,因为那本小书从完稿到出版,中间隔了 12 年时间,是我的拖拉造成的。刚才说了，对我们研究的进展来说，比较重要的时间点是1985年和1991年，再后来，1995年也是很有标志性意义的一年，那时，我们已经走了很远很远了，所以出书的1997年，并不是一个转变的时间点。

1995年我们在牛津大学开了一个会，这是一个带有总结性的会议。当时，科大卫在牛津大学，我也到了他那里访问，蔡志祥当时也在爱丁堡。趁着我在牛津大学，科大卫把丁荷生、郑振满、陈春声、廖迪生等请到牛津，我们开了五天的会，议题集中在珠江三角洲、莆田平原和韩江三角洲，每天讨论一个地方。在会上我们对大家的研究有很多讨论，在很多问题上都争论得很厉害。在争论中，我们对过去的研究形成了比较清晰的想法，大家现在在这个领域看到我们讲的东西，当时已经有比较系统性的理解，后来只是陆续发表出来，实际上在认识上已经没有太多的进步。

1995年还有另外一件比较具有标志性意义的事。那一年，我们以参加AAS（亚洲研究协会）年会的一个小组报告为基础，由科大卫和萧凤霞合作主编出版了 *Down to Earth*（《植根乡土》，1995）这本书，这本书导论和结论可以说比较系统地把我们的研究旨趣表达了出来。几年后，科大卫写出了 *Emperor and Ancestor*（《皇帝与祖宗》，2007），这是一本很重要的带有总结性的著作。

可以说，1995年出版的 Down to Earth 和此后科大卫开始写作的 Emperor and Ancestor，都表明这一年在我们的研究道路上是具有标志性意义的时间点。

**任建敏**：您的研究发表轨迹中，我感觉1991至1992年是一个比较明显的变化时期。1991年以前，似乎主要是围绕赋役制度相关的问题进行探讨；1992年以后，关注的范围扩展到了宗族、沙田、神明、"盗乱"与族群。能谈谈您是怎样逐步把研究范围拓展到这些领域的吗？

**刘志伟**：你提到的1991年这个时间点是有意义的，正是前面我提到的"华南传统中国社会文化形态研究计划"。但不是说到1992年才扩展到这些领域。我刚才已经提到，我第一篇文章就是讲沙田的，1984年前后我已经有一篇讲宗族问题的文章，族群与盗乱是我1983至1984年研究的重点。那时的研究最后写到书里只有一句话，但这是在我研究经历中花的时间最多才写下来的一句话。你看一回我的这句话就明白了，这句话原文是："所谓的'蛮夷'，不仅是一个血统的范畴，更是一个文化和社会的范畴，他们不仅在文化上属于'魋结卉服之民'，在社会身份上更是区别于'良民''编户''齐民',属于所谓的'化外之民。'"① 在我的毕业论文完成之后,我花了很多时间想去把广东的族群问题研究清楚,这些所谓的族群,在文献中叫作"獠""猺""獞"等。我关注这个问题,是因为我在研究广东明代的户籍赋役制度问题时,感觉到当时广东的社会变动,与这些族群在文献中呈现出来的活动有直接的关联,我要真正理解户籍赋役制度改革的社会意义,尤其是落实到本地的社会脉络,不能不了解当时的族群问题。我当时是看了好多这类的资料,也包括当代民族学者的调查。不过我当时得到的认识是,明代广东的各种族群,文献中记录其实是很混乱的。明代文献中记录,当时大部分的非汉族群是"獠",但到了明代后期以后,似乎就没有了,很多资料都没有提到。后来研究瑶族的李默先生是讲从"獠俚"到"猺獞"的转变过程,但我当时觉得,这个说不清楚的问题,其实反映了明代很多族群都在当时的社会变动中改变了身份的事实。

---

① 这句话最初见于刘志伟老师1995年《明代广东地区的"盗乱"与里甲制》文章,载中山大学历史系编《中山大学史学集刊》第3辑,广东人民出版社,1995,第325页;同时在《在国家与社会之间》第二章中出现,见刘志伟《在国家与社会之间:明清广东地区里甲赋役制度研究》,中山大学出版社,1997,第101~102页。

**温春来**：刘老师，马克思好像对您产生了很大影响。之前您多少提到过这一问题，但是没有听您细讲。

**刘志伟**：我们这代人，年轻时候读过的书，最重要的当然是马克思的著作。尤其是20世纪70年代，没有什么书可读，能读的有思想深度的书都是马克思、恩格斯的。我们的学术思维是从马克思那里学的。我16岁中学毕业，那是1972年。中学毕业之后，我有一段工作的经历，当时毛主席要我们读马列原著，其中有6本书是毛主席要大家读的，就是《共产党宣言》《哥达纲领批判》《法兰西内战》《国家与革命》《反杜林论》《唯物主义与经验批判主义》。马克思主义经典著作，是我最早阅读的具有思想深度的著作，当时我读后觉得最有收获的是辩证思维，因为我们少年时已经读《实践论》和《矛盾论》，后来又读过艾思奇的哲学教材，我觉得马克思、恩格斯的辩证思维是不太一样的。当时希望从辩证法里找思想资源，解开疑惑。到大学读书之后，又读了马克思的《人类学笔记》、列宁的《哲学笔记》等。后来我们上蔡鸿生老师的课，要读恩格斯《家庭、私有制和国家的起源》《德国农民战争》以及摩尔根的《古代社会》，再后来又读《人类学笔记》。到读研究生时，还读了《德意志意识形态》和《资本论》，我觉得读这些著作对辩证思维的训练很重要。我那时候对哲学比较有兴趣。真正让我们着迷的还是辩证法，读《反杜林论》和《自然辩证法》，头脑里都是辩证法的思维，再读黑格尔就更是如此。这个与我们那时候的政治关怀和时代的感观有关系。这种阅读是希望能够解开我们那个时代的困惑。所以，我相信年轻时候真正影响我们形成辩证的学术思维的，是马克思主义经典著作。

**任建敏**：近年来，您发表的一系列文章、笔谈，以及影响力超越了历史学界的著作《在历史中寻找中国》，我感觉和您以前的写作风格相比有了一些新变化。您把多年相关研究心得，包括明清国家转型、贡赋经济体制等，通过更为宏观、概括、系统的方式，向读者呈现您及您的同人所共享的对中国历史研究的思考。能说说您这一系列研究的出发点和目标是什么吗？

**刘志伟**：我近年来比较多写（谈）些议论性的思考性的文字，第一个原因是自己老了，时日无多了，觉得过去阅读和研究过程中思考过的问题和产生的想法，还是要赶快用笔记录下来，留下一点想法，这是比较正面的动力。

第二个是比较负面的动力，就是越来越觉得自己做不了什么专门的实证的研究了。要为自己找借口，可以找出很多客观原因的，如费很多精力要去管理各种各样的项目，我都是要承担"管家"的角色，再加上多年来从事行政工作,虽然没有离开读书和研究,但专精深入的研究逐渐少了。除了这个借口以外,更重要的是,我原来主要做明代的研究,我们以前读书的时候,能看的明代历史文献很少,尤其是明人的文集,基本文献大致能仔细研读。但从 20 世纪 90 年代开始,过去看不到的明代文献大量被影印出版。最早是把《四库全书》里面的明人文集单独影印出来。现在的人可能把这套书忘了,但当时这套书出来之后,我一看,就知道麻烦了。我以前做研究的时候,看得到的只有收入《四部丛刊》的那几本,现在一下子可以看到那么多。继这一套书之后,《四库存目丛书》《续修四库全书》《四库禁毁书》系列也陆续出来了。还有过去只能从《天下郡国利病书》中看到明代方志的片段,也大量影印出版了。于是,一方面我们能看到的明代文献呈数以百倍的规模增加,另一方面自己能用于研究的时间越来越少。以前我们做研究要求能掌握基本史料,但当时在中山大学,连《诸司职掌》《大明令》这些典籍都看不到,甚至《明会典》在中山大学图书馆也缺藏,所以有一种能掌握基本史料的自信。但 90 年代以后,大量明代文献涌到自己面前的时候,一下子产生了畏惧感,从此,我越来越相信自己剩下的时间做不了多少研究了。

第三个原因是在我重版书的后记里面提到的,我当年期望继续深入做下去的主要问题,最近十多年来,有越来越多人关注了,尤其是年轻学者们,他们找到的材料也越来越丰富,研究的专精和细致,都比我做得好。我觉得我已经落伍了,更没有信心了!

这些也许是我近年比较多发议论而少做专题研究的原因吧。

你提到了写作风格问题,其实,《在历史中寻找中国》中体现的不是写作风格,而是谈话风格。孙歌是很理想的对谈对手,因为她与我的学科和研究路子不一样,既对我的想法有兴趣,又常常会令我觉得误解了我的意思,这样就引发了我的辩解欲,刺激我去讲了好多"道理",也就出现好像和我们写专题研究的论文不一样的风格了。

**谢晓辉:** 所以很多人说看不懂您的那本《在国家与社会之间》,因为很多内容,往往就只用了一句话。

**刘志伟:** 我的那本书是爬格子写的,不像现在你们用电脑写作。我现在用了很多年电脑,也看了很多学生用电脑写的稿子,逐渐悟出一点差别。我们在稿纸上爬格子的时候,每一句每一段都要想得很清楚才写下来,不像用电脑,先写了再去斟酌。特别是写下一段讨论时,用哪一条材料,也要反复斟酌选择,引文尽可能精简,不像现在用电脑写,可以大段引文,可以排比罗列很多史料。所以我写的时候是很吝啬文字的,修改誊抄的时候,只要觉得这句话有点啰唆,就会删除。

**温春来**:书的标题是怎么想出来的呢?

**刘志伟**:书的标题,是出版社要求有一个能在书架上吸引眼球的书名,就想了这样一个标题。20世纪90年代,中国有一个可能不同学科都在关注的议题,就是国家与社会的问题。我觉得我既不是讲国家,也不是讲社会,所以就取了《在国家与社会之间》这个书名。不过,后来我发现,对这个标题大家的理解似乎不是我的原意。

**温春来**:我们很多人看书,都是先看标题。

**刘志伟**:这本书出来之后,这个标题好像被大家误解了,以为我要讲的是国家与社会的关系,甚至有人说我用的是国家与社会的理论。我以为我从来没讲什么国家与社会的理论。我用"在国家与社会之间"的说法,不是认为有一个主体叫作"国家",另一个主体叫作"社会",然后通过户籍赋役制度去讲两个主体的关系。我真正想表达的意思是,我既不是讲国家,也不是讲社会,而是讲一个既(不)是国家也(不)是社会的领域,就是我明天即将参加的会议的发言主题,讲中国王朝体制下的编户齐民社会,是一种国家与社会同构的体制。

**谢晓辉**：您在《在国家与社会之间》修订版里面，为什么特别选了那几篇文章作为附录？

**刘志伟**：前面讲到，我当年循着梁方仲先生的路子，研究户籍赋役制度，真正的关怀是要落在理解明代以后的社会变迁上的。后来一直在这个方向努力，但还不能完成一种具有整体性的研究。书的第五章，是要把赋役架构的变化，通过户籍体制的变质，引到解释社会结构的衍变，但后半部书始终没有写出来。因此，重版的时候，我想附上几篇后来的文章，多少能够呈现我的学术关怀所在。选入作为附录的三篇文章，本来都不是专题研究的原始成果，都是综合了我不同文章而成的，解释的架构相对比较完整，可以体现出我早期研究的学术关怀的延续。而且这几篇文章，都是在大家不容易看到的地方发表的，一篇在《东吴历史学报》，一篇在《中国乡村研究》第一辑，一篇在《历史研究》，放在书的附录，便于大家搜阅。

## 二　作为区域的岭南

**温春来**：我们正在办一个《区域史研究》的刊物，所以想请您谈谈岭南或者南岭。

**刘志伟**：这个问题如果要从头讲起，可能就说来话长了。南岭及其以南的区域，是我很想做一个整体的区域研究的地方,但是我现在相信这辈子大概也写不出来了。我对南岭的兴趣,牵涉一个也许很大的历史关怀,关系到在全球史视野下对整个中国史或东亚史的理解。这里我想先做一点辩解。很多人以为我是研究广东的,但实际上,我真正关心的不是广东的问题。我的书虽然写的是广东,但是里面大部分认识的形成,尤其是关于里甲赋役制度的认识,不是从广东的史料研究那里获得的。20世纪80年代初我读研究生的时候,我大量的时间是在看江浙、江西、福建的地方志。当时唯一能系统看的明代方志,是《天一阁藏明代方志选刊》里面的方志,续编还没有出来。另外就是读顾炎武的《天下郡国利病书》,里头的内容基本上是抄录各地的明代到清初的方志。这两种史料是我研究的主要材料。后来我发现如果要做江浙、福建、江西的研究,研究生只有三年时间,根本做不过来。尤其是1982年我去了北京、上海、南京看书,我一算时间,根本不可能有那么多时间把东南几省的史料看完。所以在外地图书馆,我主要是看明到清前期的广东地方志。但在之前我已经看过东南地区的地方志,对我作用很大。所以,写论文的时候,为了避免铺陈太宽,我选用规制比较简单一致的广东为地域范围来讨论,但其实很多理解,不太可能只在广东一地的史料中了解清楚。我们年轻时候的历史关怀,其实不能摆脱整体的中国史。可以说，当我们把研究的目光专注于一个地方的时候，始终不能离开对中国史的整体关怀。

但是，我们也不要把中国史看成一个整体，而"区域"只是局部，只是"中国"里面的"部分"。所谓"区域"，真正的意义是一个超越国家的视域。一个所谓的"区域"，可以是国家里面的一部分，也可以是跨越国家的空间范围；在国家里面的这一部分，可以局限在国家这个整体中看，但我更主张是超越国家的视野。这样，所谓"区域"，虽然包含了"局部"的意思，但更具有整体的意义。因此，所谓区域研究，在以国家内部的一个地方作为研究对象的同时，更应该把这个地方放到更宏大的超越国家的视野里去认识。近年来关于所谓"新清史"的争论备受关注，人们似乎大多把着眼点放到如何理解"国家"的问题上了，我觉得可能更有意义的是超越国家视野这个方向。其实，这个方向，在近代中国史学发展中，是有着长久的学术传统的，就是所谓的"西域南海史地"研究的传统。从草原游牧人群与中原农耕人群的互动关系去认识汉唐以后的历史，本来就是中国近代史学的一种主流，在这个主流下，内在地包含了中亚的文明与东亚文明互动的视野。在这样的视野下，所谓区域，可以有不同层次，如关陇、山东、辽东、云贵、岭南是一种区域概念；西域、南海、东亚海域、蒙古高原，也是一种区域概念。我们不仅要研究这些不同层次的区域，也要从它们的关联和互动去建立我们的历史认识。小区域的历史，不仅要置于彼此间的互动中，更需要置于更大区域的脉动中去认识。简单说，我们需要的是全球史视野下的区域研究。其实，我们研究珠江三角洲、闽南这一类滨海地域，在对这些特定地域做微观考察的同时，也一定是与宏大历史连接起来的。在这种区域历史观念下，我们对中国历史进行思考，在王朝版图内进行分区研究时，不仅要有国家的视野，更需要有跨越国家的区域视野。这种研究在中古史领域有着很好的传统，蒙古和元朝史学者更是历来都采取这种视野。在明清史研究方面，近年来也越来越多转向这样的方向，赵世瑜前些年写过一篇文章，题目是《时代交替视野下的明代"北虏"问题》，就体现了这样的追求。

赵世瑜这篇文章把明代历史中的"南倭北虏"问题放在"海洋史"的历史逻辑和"内陆史"的历史逻辑下来认识。受他启发，我认为我们的所谓区域研究，需要走出以"中原（中国）"为中心，从"中国"向外看的视域，从欧亚大陆中部到蒙古高原与南海印度洋这两个"内陆"和"海洋"世界的连接去理解。如果把我们历来视为"天下"之中的"中原"放在"内陆"世界与"海洋"世界连接区的层面来理解，那么作为这种地理连接带的"界线"，对于历史理解就有着特别重要的意义。这个地理连接带就是长城沿线经过的地带，这点历来是学界的共识，但学界好像很少提出南部连接带的问题。我认为，如果我们不把这个界线理解为空间的隔离，而是理解为交往的空间的话，这个连接区的南部界线，就是南岭。在人类历史活动中，存在将人群的活动空间分割和隔离开来的自然地理分界，但这些分割区域的自然条件，又是区域间流动交往的通道和媒介。不同区域之间的阻隔地带，同时也会形成一个交往的空间场域，就是说，这些边界地区，也是一种区域的形态。因此，这种区域的历史，一定要在全球史的视野下才能解释。如同我们要解释长城沿线区域的历史，需要从高地亚洲与中原农耕区的互动角度去展开一样，我们要解释南岭的历史，也需要从南海印度洋与大湖区的互动中着眼。我这里说的"大湖区"，指由洞庭湖、鄱阳湖、巢湖、太湖串起来的这个区域。

**任建敏**：长江流域？

**刘志伟**：是，现在大家一般用长江中下游来指称这个区域，不过，从地理时间角度看，我更喜欢用"湖区"或"大湖区"的概念。因为在漫长的历史时期，这个区域更具生态意义的空间是湖区,长江的意义表现在把这些大湖串联起来了。为什么要先交代一下这个大湖区的概念?因为我前面提到赵世瑜的意见,要从内陆史和海洋史两个层面去理解中国历史,同高地亚洲直接互动的是关中平原和华北平原,同南海直接互动的是湖区及其周边的山地,人们一般用黄河流域和长江流域来称这两个整合为中国核心部分的区域。我想大家都不会质疑这两个区域在中国历史上的重要性。从我所谓的"湖区"同海洋世界的联系来看南岭的地位,是我对南岭产生兴趣的原因所在。

我这里说的南岭,指的是广义的南岭。准确地说,是以南岭为中心的南方山地,从南岭往东,连接武夷山、罗霄山脉,延绵到浙江南部的山地,往西连到广西、贵州。把这大体连成片的山脉群视为中国与海洋世界连接的"界线",才能对中国历史具有更整体性的认识,才能真正建立全球史视野下的中国历史认识,这是做南岭的"区域史"研究必须有的视角。因此,所谓南岭的区域史研究,是放在南海连通出去的海洋世界与以湖区为核心的中国南部的视角下去展开的。

我是在南岭地区出生和长大的,对这片山地有很多切身的生活经验,也有很深的感情。所以,前些年我看到吴滔、谢湜、于薇他们在南岭做研究,自然很有兴趣跟着去看看。南岭的地理、空间和文化、历史，我相对比较熟悉，有关的地方志我都看过，在脑子里有一个混沌的图像。另外，这篇关于南岭文章的直接契机，还与这些年有点热门的客家研究有关。记得在2012年，肖文评在梅州召开一个有关客家研究的会议。我参加了会议，临时被派了一份差事，要在会上做一个大会发言。肖文评告诉我，随便我讲什么。我其实没有做过专门的客家研究，就把我对南岭的思考转换成一个客家的话题，做了一个发言。后来，嘉应学院把录音整理出来，要我改。我觉得与其改这篇即兴发言稿，还不如把这个发言写成一篇文章。当时我正在台湾交通大学客家文化学院做客座教授，恰逢庄英章先生荣休，要开个会，我就报告了这篇文章，后来还收录到文集上发表了。但是，把这些思考转换成客家研究的话题，我总是觉得有点意犹未尽。不久后，吴滔他们要出一个"南岭历史地理研究丛书"，让我写一篇总序，我就在这篇文章基础上，将其改写成更能把我对南岭区域研究的思考表达出来的文章，就是后来这套丛书的总序《天地所以隔外内》。这些偶然写下来的文章，当然不能算严格的研究成果，只能看成我读过一些材料、做过一些思考所形成的想法的一个轮廓而已。

**谢晓辉：** 我想起上次罗新来做的讲座，讲内亚与中原关系①,您很兴奋。

**刘志伟**:对,他的讲座触动了我的神经,因为我主要做南方的研究,一直在思考南海与南岭的关系,罗新讲内亚与中原关系,在史观和方法上,让我产生了强烈的共鸣,所以当时有点激动。中山大学历史系的前辈,一直有西域南海史地研究传统,陈寅恪、岑仲勉、戴裔煊、蔡鸿生、姜伯勤、张荣芳等多位前辈老师,都是在这个传统下展开研究的,他们的历史观念、学术眼光和历史解释的路径,对我有潜移默化的影响。我们在中山大学历史系求学和从事研究,头脑里免不了会从西域南海史地的视野去理解历史,不管是中国史还是世界史的问题,头脑里面一直存在这根弦。所以,我们做区域历史的研究,不管聚焦在哪个区域,都会有这样一种惯性的思路,就是这个区域与世界的联系。我们的研究可能会主要集中深入利用手头能够掌握的材料,在有限时间内只聚焦在能整体把握的地域。但我们对这个区域的理解,还要有一个大历史的问题意识和宏观视野。例如我研究珠江三角洲,就总是放在"山海之间"的框架里展开。

---

① 按:指2018年5月25日北京大学罗新教授在中山大学所做的讲座:《引弓之国 vs 冠带之室:内亚与中原关系史的几点省思》。

**任建敏**：您 2015 年为"南岭历史地理研究丛书"撰写了总序《天地所以隔外内》（以下简称《总序》），虽然您在序中自谦是"观棋之人"，但实际上是以十分规范的学术语言，全面并大方地呈现了您对南岭历史的看法及研究思路。在我看来，这不仅是"南岭历史地理研究丛书"的序言，而且是您在多年南岭研究基础上提出来的"南岭研究宣言"。您在里面提到，以往学界谈及区域，往往以行政区、经济区、文化区等形式进行划分。而您在《总序》中特别提到两个人，一个是施坚雅，他舍弃了行政区划分逻辑，而把区域看成"人之互动的空间形构"。一个是 Schendel，他提出"Zomia"的概念，用区域间的政治过程及人群、物资、知识流动来建构区域单位。在您看来，岭南作为区域史的研究对象，有着怎样的独特之处？

**刘志伟**：所谓岭南，字面意思就是南岭之南。你提到岭南作为一个区域的独特之处，我想最基本的还是前面所讲的，要放在前面说的南岭的历史空间意义去认识。在这样一个角度下，岭南在地理概念上，首先是环南海区域的一个部分，同时又是作为中国与南海印度洋世界连接带的南岭的一部分。还需要提到的是，在南海印度洋这个海洋世界中间，还有一个中南半岛，这个地理区域可以视为南海印度洋世界的一部分，又是在陆地上连接南亚次大陆和中国大陆的桥梁。岭南的区域特性和历史，要放在这样一种跨区域人群流动与交往的空间格局下去认识。

Schendel 教授提出的 Zomia 的概念，在中国主要是由于 James Scott 的 *The Art of Not Being Governed* 一书而为学界所了解。因此，学界一般都关注这个概念表达东南亚高地无政府状态的意义。不过，除了这个特定的意义外，我深受启发的是这个概念包含的人们在不同地区之间的边界上交往形成的区域空间意义。更早启发我这一想法的，其实不是 Zomia 这个概念，而是梁肇庭教授在施坚雅的区域体系基础上提出的客家区域的概念。因此，我这些想法更主要还是来自施坚雅的区域概念。

在中国历史学界，讲到施坚雅，都着重关注那个六边形的市场层级结构模型，以及由此逐级上溯形成的九大区域的周期理论。这当然是施坚雅对中国社会和历史的解释。但我认为，他的这个模型对中国史研究来说，更大的意义在于，他建立的区域，是通过"人之互动的空间形构"来理解的。我要强调的是施坚雅在他就任亚洲学会主席的演说中的一句话。我把这句话翻译为："（区域）是一个地方和区域历史的网状交叠层级体系，这些地方和区域的范围分别以人之互动的空间形构为依据。"中国的中国历史研究从前是没有这样一种认识的。这一点对社会科学来说本是不言而喻的,如经济学和人类学,如果要建立区域的空间概念,也许很自然会从人的行为去构建。施坚雅从普通村民的活动出发,弄出一个中国历史的结构和周期的解释,对于史学研究来说,应该产生很大的冲击。只要想明白这一点,所谓区域研究也好、地方研究也好,小社区研究也好、个人研究也好,都能够和大的历史研究连接起来。我觉得这样一种认识的逻辑很重要,哪怕一些很零碎的叙事,也可以引到对大历史的理解。这应该成为作为社会科学化的历史研究的基本认识方法。明白这一点,Schendel 提出的 Zomia 的意义,也就不难理解了。他就是以不同地方边界地区的人员与物资的流动所形成的空间来讲这个地区成为一个区域。在我们的历史中,无论国家、区域或省区州县,都是确定的历史单元。关于这个单元的历史解释总是在揭示这个历史单元本身发生了什么,而少去看这些单元之间的连接地带,因为人们的交往活动也可以是一个区域。这个就是黄国信的《区与界》中所讨论的问题。过去很多年来,陈春声在很多讲座里面都讲到过,"界也是一个区域"。这样的区与界不是随意划分的,而是由于人的活动而形成的。人们的活动交互叠合,就有新的形构出来。这样去认识区域概念,就比较好理解了，这种区域不是由研究者根据某些定义随意划出来的。所以，Zomia 的真正意义，是以人与物的流动为主题，而不应只局限于逃离国家的问题。

我提出过，客家话其实是南岭山地的普通话，引起一些人的批评。语言的空间分布为什么可以构成一个区域？因为语言是在人的交往中形成的。历史唯物主义强调以交往方式来理解历史，所有社会的变化以交往方式的改变而发生。在这个意义上，区域其实就是随着交往方式变化形成的空间过程。回到岭南区域史的话题上，在这样的区域观念下，现在习惯性以国家、政区和行政体系为单元去研究，去定义地域文化概念，会遮蔽我们的视野、扭曲区域的图像。

**任建敏**：您的一篇文章中讲到东莞的例子。

**刘志伟**：那其实不是一篇文章，是在东莞一个会议上的即兴发言。那个会议是东莞市办的，他们自然希望我讲东莞的历史如何如何。是的，东莞也许可以作为一个例子。要把东莞理解为一个区域，就不能只局限于今天的东莞市范围，古代的东莞，今天已经变成了两个地级市（东莞、中山），两个经济特区（深圳、珠海），两个特别行政区（香港、澳门）。今人以行政建制为历史单元，就有了几个不同的"地方史"。于是每一套地方史，都有一个从古到今的系统。所谓"东莞"，其实是由珠江口这个海湾的东部陆地和海岛构成的区域。如果看今天的地图，大家可能会觉得奇怪，现在珠江口西岸的中山（香山）和广州南沙区，过去也曾经在东莞的辖区。如果我们从人的流动和交往去理解这个区域，就可以了解，在现在叫作大湾区这个地方，很久以前是一个海上的世界，这个地方的区域格局，主要是由海上交通构筑的。在广州以南，香山岛以西到新会崖门之间还是一片海面的时代，这个海湾西部海域连起来的岛屿陆地，自然是同一个区域。在这个区域内，还可以把珠江口一侧与大鹏湾一侧分成不同的区域，即按今天行政区划定义的香港、深圳的区域，其实东半部和西半部属于两个不同区域。我这样说，是从不同海域的人之间的交往圈来理解的。从很多文化遗存是可以看出这个状况的，例如语言、龙舟等。我在香港大澳看到的龙舟是长龙，和珠江口西岸是一样的；我在香港大埔看到的龙舟是短的，和惠州以东的是同一类型。大澳的语言近番禺；大埔的语言近惠州、潮州一带。当然，后来新界成为香港的一部分，陆路交通又成为主要的交通方式，这里的人有了新的交往模式，香港、新界就成为同一个区域了。所以，如果我们以施坚雅所说的从"人之互动的空间形构"来理解区域，就不会执着于区域概念的定义了。所有的空间单元，都需要由人的流动、交往、互相影响去划出作为研究单元的区域。

要在这样的观念下讲"岭南",如赵世瑜不久前发表的一篇文章《"岭南"的建构及其意义》,对像岭南这样的区域范畴做了很好的历史解构,虽然这篇文章讲的是"岭南",但实际上是关于"区域研究"中非常重要的方法论的讨论。

有一个与此相关的话题,我想谈一谈近年来说得很多的"广府"这个概念。坦率说,我是不主张用"广府"这个概念的。如果"广府"指的是"广州府",当然不是什么问题。现在讲"广府文化"时,"广府"基本上指的是广州以及狭义的珠江三角洲地区,宽泛一点,也包括了肇庆地区。即使这样,"广府"这个标签还是令人不安的。最直接的疑惑是,"广府"是否包括广西地区?我认为,秦汉以后在南岭以南设立的三郡,现在广州以西地区是桂林郡,其整体性是很明显的。唐宋以后,虽然分了广东、广西,但从桂林以下,包括了左右江以东的整个西江地区,在文化上都有很明显的一体性。现在人们用一个"广府"的概念,就用行政区的标签覆盖了人文与经济的区域范畴了。对广州这边的人而言,到梧州、到南宁,并不觉得是到了一个特别陌生的异地,但用行政区来界定我们的生活范围之后,就很习惯地把这些地方界定为"异域",就成了非常遥远的地方。

**任建敏**：现在广西的西江一带的梧州、贵港一带，对广府文化的认同很高。

**刘志伟**：我相信是这样的。这一带本来就同广东的肇庆、广州是同一个文化区，人群、交通、语言、风俗都有不可分割的历史联系。当然，也可以说有一种"攀附"的心态，明清以后，特别是近代以来，广州与珠三角的核心性大大强化了。但这种"攀附"不是想做就能够做的，其中历史文化的传统联系是更深层基础。

**任建敏**：《总序》中您提到，南岭的粤北地区户籍人口从宋到明的减少，隐含了明中期国家在地方社会存在形态的重大转变。而您提到一个转变是南赣巡抚的设置，似乎仍然意犹未尽。能否在这个问题上再做进一步展开？

**刘志伟**：我记得这个事实中山大学的地理学家徐俊鸣教授讲过。我们历史文献中的人口，是户籍人口，即国家控制的人口。明代以前，尤其是唐宋，王朝在现在的广东最直接控制的地区，主要是粤北。但宋代以后，随着珠江三角洲的开发，王朝的控制中心移到了珠江三角洲地区。在宋代以前，珠三角还不能说是蛮荒之地，而是还没有"地"，广州城以外，南边还是一片海，当然这个海湾里有很多的海岛。

**任建敏**：我在成化《广州志》里面发现有很好的记录，可以看到寺观建立的时间，看到宋元到明初粤北与珠江三角洲寺观建设的时间差。

**刘志伟**：你这个证据很好。

**任建敏**：您提出，叛乱与族群互动，是形塑南岭社会文化特质最重要的机制之一，这一点我深表认同。您与科大卫老师的相关研究对我的启发是最大的。在我的印象中，岭南地区各种"盗寇""猺獞"的动乱，在文献记载中最为集中的时期是在明代正统到万历初年。您是怎么看待这一时期动乱频发的现象的？对岭南地方社会的形塑产生了什么影响？

**刘志伟**：粤北在元明之际发生的变化确实很大。明中前期，正统年间的东南地区邓茂七、叶宗留等在山区的动乱，影响范围很大。不一定只是他们这群人本身，而是东南地区一大片山区里头的人群。这些人群的所谓"叛乱"，不应该简单理解为造反，而是这些山地人群与国家统治互动的方式。王朝镇压"叛乱"的结果，就是这些人群被纳入了国家版图。

我这里指的东南山地，从浙江南部到闽西、赣南，绵延到南岭以南。王朝国家在这个地区的扩张，呈现由点到线到面的趋势。明代以前，是交通线的点—线关系。离开了这些点线的山地溪峒，政府基本上是控制不了的。到了明代,慢慢转向了面的控制,即将溪峒之人纳入版图,由点到面的扩大,表现出来的是在面的层面发生的普遍"叛乱"。这种在面的范围呈现的"叛乱",是通过一种内在机制展开的,不是点自身的扩大。这种内在机制,是随着山区里面的人和外部世界的交往的频繁,以及周边很多地区在经济上的发展,人们对山区资源的需求越来越多,正如梁肇庭讲的,周边地区的发展把很多人推往山区,他们在山区找到自己的生存空间。这些转变有很多原因,如自然生态、经济、社会矛盾等。他们进到山地之后,把原来生活在山地溪峒深处的人群,拉入一个更大的社会交往圈,融合与冲突都更频密了,文献上常常把他们称为"盗贼"。他们和山地以外的沿交通线分布王朝统治的点的接触越来越频繁紧密,这些点常常也是市场的中心。接触与互动加强了,自然就会发生在资源控制上的争夺和冲突。王朝国家的势力要控制这种局面,要将这种互动纳入国家的秩序下,叛乱就会经常发生并蔓延。所以,明代这个地方频繁发生战乱,实际上就是这个地方被纳入王朝国家的过程。动乱其实就是一种区域整合的机制。我在《总序》里表达的就是这样一个思路。

**任建敏:**这个对我启发很大。

**刘志伟:**所以,这段看上去是叛乱的历史,看起来是要与国家脱离,其实正是与国家拉近的过程。这不见得是王朝国家有意识的扩张,因为这个地区对王朝国家而言,没有太多的直接的价值。国家重视的,是控制交通线。历代王朝对岭南的兴趣,不在于这个地方能提供多少财富,王朝国家关心的重点在于,通过这里获得来自南海的资源。但明代以后,王朝国家和周边地区对山区资源的需求增加了,包括矿产资源、山林资源,还有日益增长的人口,形成了对山地资源的需求,山里的人走到外面,外面的人走进山里,交往也越来越频繁。这样一来,人的流动和互动,就由点、线扩展到面,这是改变山区的历史过程。明代南赣巡抚的设置,固然是国家政治行为,但背后的历史机制应该放在这样的一个过程中去认识。当控制由点、线演变为面,就要考虑控制距离等问题。山区整合到一个更大网络之后,交通线也会增加,新设的县也会更密集起来。

**任建敏**:那么,明代广东新设了很多的县,清代则在边疆地区设置了很多厅。这是不是代表明清国家对边远地方的治理思路有变呢?

**刘志伟**:我觉得不是思路的转变,而是国家的格局和规模的改变。我印象中清代广东设厅不多,但厅的设置,确实是和上面提到的这一过程有关。设厅往往都是在几个县的交界处,或者是在一个县边角地方。还有如赤溪厅这种，是因为土客矛盾要分而治之设立的。设厅是因为作为州县并不够规模，但是要有非常直接和实际的控制，因为厅和省的关系，其实比县和省的关系更直接，能让省一级的权力直接控制。说得更形象一些，在已经设置了大量州县的地方的空隙，面临动乱的威胁，需要加强控制，就要用省一级的权力更直接地控制，但又不像州县那么需要设置更完备的行政机构，并有更充足的财政支持。后来成熟的厅很多变为县。

**任建敏：**当前岭南研究以珠江三角洲、粤东沿海地方社会成果最为丰富，而粤北、粤西相对薄弱，粤北地区的情况，您在《总序》中谈得比较多，对于粤西的区域研究，是否也可以进一步谈谈呢？

**刘志伟：**你说到的粤西、粤北地区的研究，困难主要还是史料的问题。

**任建敏：**但是粤北的资料应该不少。之前我们在乐昌考察的时候，看到很多的族谱。

**温春来：**对，之前我们在乐昌收集到很多的族谱。

**刘志伟：**乐昌其实是一个比较有历史文化传统的地方，从广州的角度看起来，是边缘地区，但这里邻近湖南，又处在南北通道上，文化上更受湖南影响，族谱多是可以想象的。但是，只凭族谱资料能够展现的历史还是很片段的，其他文献资料还是有限。不过，我想如果深入下去发掘,也许会有新的发现。你所说的粤西指的是什么?肇庆?

**任建敏**:比肇庆更西的高州、雷州。

**刘志伟**:这个地区过去叫下四府,是粤西的一部分,但如果用"粤西"这个概念,一般有广东西部和广西两个意思,把这两个意思综合起来,我个人理解的具有历史文化的同一性和整体性的粤西,除了下四府,还包括肇庆、梧州、浔州、郁林、桂林等地。我相信粤西的资料不见得会比粤北少,尤其是广西地区,由于过去学者已经做了大量的工作,已搜集的碑刻资料特别丰富。这也提示我们,粤西和粤北的研究,首先还是要大力开展资料的搜集。粤西的历史文化内容相当丰富,若研究深入了,可以提出的问题和形成的解释,有望比珠三角更有厚度。不同地方,有不同的中心议题,都有待于新材料的发现。我们未深入下去,总是以为没有多少材料。一旦深入发掘,应该是很丰富的。过去很多学者的研究成果都证明了这一点。要建立岭南地域的区域史解释框架,粤西地区的研究应该比珠江三角洲地区能提供更多的信息。因此,我想,目前除了应该大力搜集文献资料外,最重要的可能是在各个地方的分散研究基础上,形成更广阔的历史视野,提出更具有学术深度的问题。

## 三　区域史的学术训练

**任建敏：**历史人类学的一个很重要的提法是"在田野中阅读文献""在田野中理解历史"，您和其他老师都曾说过：我们做的田野，不是人类学家所做的田野。从"历史人类学高级研修班"到如今很多高校都在举行的田野教学实践，您能谈谈您心目中历史学者的田野是怎样的吗？

**刘志伟：**这个问题正是我有点忧虑的问题。无论我们是办研修班，还是在课程教学里带学生到田野里走走，我们的方式往往限于到当地到处走一趟，看到碑就三下两下拍下来，看到族谱也马上摆开摊子，一页页拍下来。很多地方其实只呆上半天或一天的时间。以这样的方式开展教学，我觉得也不坏，总比只在图书馆里看书不到现场好。但现在大家逐渐以为历史学的田野就是这样做的，这是一个误解。我们历史学者到田野里做研究，当然不应该也不可能像人类学家那样深入参与、观察、体验，无论是研究资料的偏重还是研究时间的分配，都不可能那样做。但是，我们也不能把田野研究理解为只是找文字资料。历史学者跑田野，要先放弃一种期望，就是以为在田野里的收获可以直接在写论文时用得上。田野里看到的东西，可能99%甚至差不多100%

是写不进我们的论文的。我们用来写论文的,主要还是文字资料。因此,田野里收获到的,主要不是资料,而是成就我们解读资料的能力。我们现在跑田野,经常是见到碑抄(拍)下来就走了,连碑所在的地形环境,碑附近有什么人,有什么建筑、景观都不知道。如果这样,同在图书馆里读一本碑刻资料集也没有什么区别。到田野里,在收集文献的时候,有以下几个方面虽然写不进论文,也是应该重视的。

第一,适用于所有田野工作的是获得空间感,包括方位、景观、生态环境,就是我在现场看到的材料,能放回到现场的空间感。这种空间感的获得,不需要花太多时间,一进入就要很有意识地去捕获,不要视而不见。这种空间的掌握,对于解读文字资料是非常必要的,郑振满称之为在现场读碑。我可以举一个例子。我在顺德乐从和中山南区分别见过一块刻着来自海外很多商埠的捐款人名字的石碑。只是从文字上,看不出这两块碑有什么实质性的区别,你都可以解读为海外华侨热心家乡建设,踊跃捐输。但如果你到现场去看,看社区的形态,看这些人与周边村社的关系,看他们的信仰和仪式,还有看他们的生活习俗等,就可以了解,这两块碑反映的海外捐款背后的社会意义和社区历史,有很大的差别。中山那块碑记录的捐款,反映的是水上人登陆定居，开始形成聚落社区的历史；而顺德那块碑记录的捐款，反映的则是一个大宗族强化其整合力的历史。这种差别，必须到现场结合实地的田野经验才会看得出来。

第二，要和当地人接触沟通，前面说的空间感还需要同当地人的情感相通。我们现在到乡村里，常常把当地人当作资料提供者和信息来源，不够注意在同当地人接触中培养情感，了解他们关心什么，了解他们的思维和表达习惯，了解他们对周边的人和世界以及对政府的认知。我不能说这种理解一定对写论文有用，但我觉得要尽量培养出理解当地文献的能力，这种能力是必需的。

第三，要观察景观和各种礼仪标签，包括建筑、道路、各种设施，这些也是资料，也是包含了丰富历史信息的资料，会帮助你发现和理解当地的历史。

第四，要关注当代的社会和人们的生活，包括当代正在发生的活动的文字资料。比如我们带学生下去，我会告诉他们，一定要到村委会，村委会里面很多资料很有用。例如我前几天到了开平，进了一个社庙，这个地方是当村委会办公地在用的，墙上贴着每年分红的名单，2015年他们只有38人，2016年到2017年都是40个人。由此一下子就了解了这个村子的规模了。这是一个有资格分红的人的名单,是最准确的资料。在分红名单的旁边,还有某某祖捐钱做什么活动的记载,然后就能发现某某祖比这个村的规模大很多。如此再和旁边的老人聊起来,老人告诉我们,村是人民公社时期留下的。而某某祖是更大规模的群体,包括了一个半村的人。我马上由此想到这个祖先祭祀形成的群体与村落的关系。这些认识不一定能写进论文里面,但我们由此对地方社会形态很快就有了更真切的认识了。

第五,我们还要看坟墓、祖屋等历史遗存。关于这方面的解释很多是和历史有关的。我喜欢带学生到南沙的塘坑村考察,那个村的背后有非常精彩的历史。

第六,要尽可能多了解现实的情况,尤其是生态与生计、婚姻家庭制度、民间社会组织、仪式活动、各种民俗等。我们做历史研究的,虽然不可能专门去研究现实,也不会直接用现实套用到历史上,但我们还是要相信现实与历史是有相通的地方的,哪些相通?怎样相通?相通的逻辑怎样?这些当然都取决于我们的历史素养和研究经验,也需要有比较好的史学积累和历史通解能力。获得这种能力没有捷径,但长期的田野经验(包括自己的生活经验)和阅读经验,是可以积累起来的。

我们不一定像人类学家一样,对生活生计、生育制度、亲属制度等有那么细致的了解,但我想最基本的是培养田野现场感和理解当地人,要培养同情理解的能力。这样你的研究才能生动地贴近现实,你才能在单调的文字中发现活生生的历史,写出来的论述才能活起来。

**任建敏:**您和科大卫老师、赵老师等几位老师,感觉都是比我们这些年轻小辈精力充沛的人,我们常常会在各地田野活动中看到你们的身影,有时候一个暑假回来,会看到您很明显地被晒黑了。现在一些学生,虽然选择了区域史作为题目,但一旦细问起来,他们所谓的田野,大部分只是在公藏机构收集文献,或者到乡村走马观花。我想知道,是什么促使您一直对田野保持巨大的热情的呢?

**刘志伟:**这个问题其实很简单。就是要看你是不是会享受、会欣赏。你就把我们看成小孩一样,看到什么会来精神,看到什么会兴奋起来,就明白我们在享受的是什么。我们走到乡村去,常常会看到原来材料里面没有生气、很死板的东西,马上就活起来了,就会兴奋,尤其是在读材料时找不到感觉,无法理解的东西,马上有感觉了,也变得能够理解了。这种情况下,我们怎么不兴奋呢?问题就在于,我们要带着好奇心、带着同情感、带着问题意识去跑田野,这样当你身处田野中,就会觉得精力充沛了。

**任建敏**：所以对自己做的研究，要有起码的兴奋感。

**刘志伟**：这点是我常常批评学生时说的话：不懂生活，只会从书本上的概念去思考，其实还是不懂学术。一个学者，对周围的东西，要有一种人文的关注。很多学生以为自己只有学术的关注，而这种所谓的学术关注，只是有一些概念化的要求，我要研究乡村，要研究宗族，研究信仰，才要去找这些东西。很多人可能想，我做的研究课题要有这些内容，我就去看这些。但不关心他们为什么要这样生活，这些概念化的学术范畴对于真实的生活有什么意义。我在20世纪90年代，有很多时间，跑了很多地方，看了很多村子，看了很多的庙、很多祠堂，在那里，看到的是当地人各种各样的喜怒哀乐，各种的欲望和情感。我们做研究，有兴趣的是人间，我们要观察、要体会、要感受的，是人的生活、情感、趣味和追求。一旦你有了感受，有了追求，你去理解那些概念化的所谓学术范畴，就会有不一样的认识，写出来的时候，无论是宗族、民间信仰还是社会组织，才会变成有意义的东西，而不是一堆干巴巴的标签。

**任建敏**：在您30多年的田野调查经历里面，能不能谈谈一些对您的研究理念与思路产生重要影响的例子呢？

**刘志伟**：这些就很多了，只能略举几个。一个是我们在莆田东岳庙考察时提出的理论，科大卫在《告别华南研究》里面写过了，你们去看就好。一个是在沙湾田野调查的时候，我和陈春声骑单车在河对岸的沙田村子走，我们骑啊骑啊，骑了很久，都看不到尽头，一直看到的都是堤围和建在堤围上的房子。可能走了几个大队。现在我们有谷歌地图，一看就看到这些条状的乡村，以前没有啊，你不知道是这样，但骑着自行车走过，就对沙田区的村落形态以及这种村落形成的历史及其社会构造有了切身的体验。这个田野经验对我认识沙田区乡村的影响是很深的。还可以举一个我和萧凤霞在中山和番禺做田野调查的例子。我们在不同的乡村中，常常听到人们用"埋面""开面"的说法来区分他们与邻旁村子的关系，"开面"含有指称别人是疍家的歧视意思。但我们在实地跑这些村子，可以清楚看到彼此之间其实并没有太明显的差别。这个田野经验对我形成对珠三角区域的社会格局及其动态过程的认识，是很关键的。这样的例子还有很多，我们差不多每一次在田野跑，都会形成一些新的想法，有些慢慢忘记了，有些后来被其他经验否定了，也有些逐渐累积成为一些理论的思考。

**温春来**：记得您同其他几位老师带我们去参加蔚县

历史人类学高级研修班,在蔚县乡村,我们看到,张家庄的村民都不姓张,马家庄的村民也不姓马,他们也说不出自己村子的历史,哪怕这个村子有名人,他们也不清楚,说明这里人口的迁徙很频繁。大家当时还问过一个问题:科大卫老师在珠江三角洲所揭示的入住权,在蔚县到底还有没有?

**刘志伟**:对,只要走出去,会有新的想法产生的。

**任建敏**:外界印象中,认为华南研究的传统更注重田野实践,但您曾经在和陈春声老师合作的《理解传统中国"经济"应重视典章制度研究》一文中呼吁要重视典章制度。而且提到,近年来典章制度研究总体进展不大,是由于这种研究对心态、古典文化功底和现代教育制度等具有多方面的影响,使刚入门的研究生难以感觉到这种研究的学术魅力。面对这样一个节奏越来越快的时代,您觉得现在的研究生,应该如何培养典章制度的学术功底?如何兼顾史学基础的训练与学生的毕业论文写作?

**刘志伟**:在这一个问题上,我们常常被赵世瑜笑话。因为我们曾经写过应重视典章制度的文章,也写过应重视田野调查的文章。赵老师笑说,话都被我们说了。但事实上,这也是他的主张,我们的确应该重视啊。我们要在田野里形成理解典章制度的能力,就需要了解我们所见的社会现实是在什么典章制度下成为这个样子的。现实的状况，不是根据制度条文的规定去复制的，但是，无论遵行也好、对抗也好、应付也好，制度是存在的，总是会以种种途径和方式与现实联系起来。

**任建敏**：现在研究生选题目，往往直接扑到一个小区域里面去了。

**温春来**：以前刘老师您带学生的时候，也是一开始从《明史·食货志》等基本文献开始的。

**刘志伟**：这个问题说起来有点复杂，直接扑到一个小区域里面没有错，从基本文献读起也是必需的。本来这两方面的训练是并行不悖的。之所以我们感觉有点紧张，简单说还是现在学生培养方式和要求变了，学生成长的路子不一样了。第一，现在人们能拥有的静心读书的时间，再勤快的学生也是很少的。第二，学业压力大，有很多评价的指标，很多不符合人文学科实际的教学要求，例如要以发表多少篇论文作为标准来评奖学金，甚至作为毕业的必要条件。要毕业，要拿学位，要看你研究成果的量化结果。这些要求，令学生难以按以前读书的路子走。我在读研究生的时候，开始老师要求读《明史》《明实录》，我是去读了，但读了一个学期，发现这样读下去，写论文的压力就越来越大了。于是，我打了折扣，读《明史》的时候以志为中心。《明实录》,我读了《明太祖实录》之后也就放下了。但老师要求《天下郡国利病书》和《明经世文编》是一定要读的,但坦白说,我读的时候也偷懒了,没有读得很认真。不过,同现在学生的处境相比,我那个时候还好一点,还可以先从读几本文献史料开始,那时没有研究目的的阅读,现在还是感觉终身受用的。但现在连这样的最低限度的阅读我都不敢要求学生。学生一入学就面对专题研究的压力,面对"创新"的要求,几乎不可能用充足的时间去精读几本书。因为这样读书,怎么顺利拿到硕士、博士学位!我们现在都越来越感到培养学生掌握典章制度的学术功底的必要性,但各种学生培养考核制度越来越繁复,以致学生要真正从基本功练起,成了一种不切实际的奢求。虽然如此,我还是希望学生至少要知道读书治学本来的要求是什么,努力朝着这个方向做一些补救,起码你在研究具体课题时,若碰到问题,这些问题相关的那套制度,你要去了解,不能不管,更不能随便只在百度上搜索一下,就糊弄过去。至少你对这套制度基本的史料怎么讲的,前人相关的研究是怎么解释的,多少也得了解一点。最低限度,你要自己觉得已经懂了,是不是真的懂了不一定,但不能完全不管。明白了这个要求,史学的很多基础训练,还是可以在毕业论文写作中慢慢进行的,相关能力自己去培养。现在最担心的是,没有这种意识,没有这种自觉,论文写完之后,什么基础训练都没有。

**温春来**:刘老师对我们的《区域史研究》有什么寄语呢?

**刘志伟**:我们讲的区域史研究,是在现有的学术体制与学术格局上面来讲的。其实每个人有自己划定的领域,但是绝不能画地为牢。我们强调区域史研究背后的理念,是因为我们觉得,这样的研究至少有两点是要坚持的:第一,它是接地气的,是落实在特定的时间、空间的;第二,区域史研究尤其需要把握整体,无论是史料的掌握也好,还是方方面面的内在关系也好,只能在特定的区域视野里,才能得到整体性的把握。区域史,是相对于所谓国家史的一个概念。这种相对,不是说研究的空间范围的大小,而是说在历史认识论和方法论上和国家史要有所区别。在我看来,国家史是以国家作为行为主体,区域史则要以人为行为主体。区域史研究不是要取代国家史,也不是国家史的补充。我们千万不能把区域史理解为国家史的局部或缩小版。区域可以是某国内的一个地区,也可以是一个国家的范围,可以包含多个国家,也可以是跨越多国边界的地理场域。区域史是在历史观和史学方法上与国家史不同的历史范式,不应该在整体与局部区别的意义上理解。

**温春来**：现在很多学生做的区域史研究，做得很琐碎，有时候想要讲一些道理，却做成了前人的注脚。

**刘志伟**：这里的问题是，他们要做的所谓"学术"，只是按照某一个研究模板，套入某些内容。在他们的脑子里其实只有一些概念、范畴，而没有活生生的真实的历史。所以区域史的核心关怀是对人、对整体史的追求，离开了这样的追求，只是在已有的框架下增加了某些事实，不能算是好的区域史研究。现在常见的误解是以为区域史是国家史的缩小版，但我认为，区域史的追求不是做更小的历史，而是要做更大的历史。

**谢晓辉**：谢谢刘老师，您的这个访谈，用在《区域史研究》的开卷真的非常合适。

## 题外话

　　我是一个笔拙加慵懒的人，几十年来，写过与书有关的文字就这一点点，徐思彦鼓励我编辑起来，我不太困难就基本上找齐了。编好之后，出版社编辑说要加一个书名。想了半天，我这点文字有什么共同点呢？想来想去，好像就内容而言，实在没有什么共同点，只想到一个写法上大致有点相似的地方，就是，这些文字，有序跋，有书评，很少介绍书的内容，而大都是借题发挥，就用这四个字作书名吧。

　　评论别人的书，不好好领会作者的真知灼见，更不能画龙点睛地展示书中精华，不免欠了点虚心，不太厚道。收在这里的 20 多篇长短不一的文稿，大多都是这种写法，可见已成一种癖习。这种癖习之养成，主要是由于我读人之书，总禁不住发己之想，加上自己平时少写文章，读书治学间或有所得，或多潜藏心中，并无自觉，读到书中某论某事，方触发思绪，赫然蹦出，不吐不快。于是，写这种由读书引出的议论，不免反客为主，以自己为中心了。不过，想到林语堂说读书时"得一分见解是一分学问，除一种俗见，算一分进步"的主张，我对自己这些借题发挥的议论，或可以获得一点自我的安慰。

另一个很少坦白说出来的原因是，我一直有点偏执地相信，学问只存在于商量之中，因此读书时总有商量之冲动。当然，我也同情地理解，写书之人，必有敝帚自珍之心，乐闻赞赏之声，虽题签赠书时常写上"指正"二字，但若真的劈头就来一轮指指点点，心中难有愉悦。于是，我写这些文字时，总想着怎样把自己与作者商量之论，用发挥其别意的笔法去写，这样借题发挥的真正用意，我自信更能衬托出其作之价值。

据说尼采有一句话，说"读书就是沿着作者的脚印去看沿途的风景"。我期待这些借题发挥，能够将我所看见的沿途风景展现出来，在这沿途风景中辨识作者的脚印，或也是一种景致。

2019 年 3 月 11 日，记于北京大学静园二院

图书在版编目(CIP)数据

借题发挥/刘志伟著. -- 北京：社会科学文献出版社，2019.6
（书与人丛书）
ISBN 978-7-5201-4830-6

Ⅰ.①借… Ⅱ.①刘… Ⅲ.①书评-中国-现代-选集 ②序跋-作品集-中国-当代 Ⅳ.①G236 ②I267

中国版本图书馆 CIP 数据核字（2019）第 089059 号

·书与人丛书·

## 借题发挥

著　　者 / 刘志伟

出 版 人 / 谢寿光
责任编辑 / 李丽丽

出　　版 / 社会科学文献出版社·历史学分社（010）59367256
　　　　　　地址：北京市北三环中路甲29号院华龙大厦　邮编：100029
　　　　　　网址：www.ssap.com.cn
发　　行 / 市场营销中心（010）59367081　59367083
印　　装 / 三河市东方印刷有限公司

规　　格 / 开　本：889mm×1194mm　1/32
　　　　　　印　张：8.75　字　数：172千字
版　　次 / 2019年6月第1版　2019年6月第1次印刷
书　　号 / ISBN 978-7-5201-4830-6
定　　价 / 59.00元

本书如有印装质量问题，请与读者服务中心（010-59367028）联系

▲ 版权所有 翻印必究